U0449389

家族财富传承

实务案例与解决方案

张含 / 著

电子工业出版社
Publishing House of Electronics Industry
北京·BEIJING

内 容 简 介

本书上篇通过30个实务案例，系统全面地分析了常见的财富传承风险，并且给出了实用、专业的建议；下篇从基础知识和实际应用两方面详细讲解了6种常见的财富传承工具。

通过阅读本书，金融从业人员可以提升自身能力，更好地为客户提供服务；有财富传承需求的客户可以更好地进行财富传承规划，守护家族财富。

未经许可，不得以任何方式复制或抄袭本书之部分或全部内容。
版权所有，侵权必究。

图书在版编目（CIP）数据

家族财富传承：实务案例与解决方案 / 张含著.
北京：电子工业出版社, 2024.11. -- ISBN 978-7-121-49132-0
Ⅰ. F276.5
中国国家版本馆CIP数据核字第20244BC659号

责任编辑：王陶然
印　　刷：鸿博昊天科技有限公司
装　　订：鸿博昊天科技有限公司
出版发行：电子工业出版社
　　　　　北京市海淀区万寿路173信箱　邮编：100036
开　　本：880×1230　1/32　印张：9.25　字数：208千字
版　　次：2024年11月第1版
印　　次：2024年11月第1次印刷
定　　价：89.00元

凡所购买电子工业出版社图书有缺损问题，请向购买书店调换。若书店售缺，请与本社发行部联系，联系及邮购电话：（010）88254888，88258888。
质量投诉请发邮件至zlts@phei.com.cn，盗版侵权举报请发邮件至dbqq@phei.com.cn。
本书咨询联系方式：（010）68161512，meidipub@phei.com.cn。

推荐序一

改革开放40多年来，我国经济蓬勃发展，家庭财富和人均可支配收入迅速增长。招商银行和贝恩公司（全球性咨询公司）联合发布的《2023中国私人财富报告》显示，2022年，中国个人可投资资产总规模达278万亿元人民币。随着创富一代年龄渐长，财富传承需求日益凸显。上述报告指出，我国73%的高净值人士已经开始或正在准备财富传承事宜。巨大的财富规模、复杂多样的财富形式，以及越来越多元化的婚姻家庭观念，使得实现财富的高效与定向传承，成为困扰许多家庭的紧迫议题。

家庭财富传承，离不开法律法规的日益完善，尤其需要加强对夫妻财产制、离婚财产分割与债务清偿、继承等家事法律制度建设。2014年，十八届四中全会审议通过的《中共中央关于全面推进依法治国若干重大问题的决定》提出，加强市场法律制度建设，编纂民法典，是对这一时代主题的回应。我荣幸参与了《中华人民共和国民法典》（以下简称《民法典》）"总则编"和"婚姻家庭编"的编纂研讨工作，为我国民法法典化贡献了绵薄之力。

《民法典》涉及自然人生活的方方面面，是"社会生活的百科全书"。其中的继承编和婚姻家庭编对财富传承至关重要。在一定程度上可以说，这些内容是做好财富传承规划的法律基石。

对一般人而言，阅读、理解《民法典》并非易事，而将之应用到实际生活中的门槛就更高了。我的学生张含在家族财富传承领域深耕多年，具有扎实的法律素养和丰富的实操经验。她能把自己多年的积累写成一本书，分享给大家，帮助更多人更好地实现财富传承，我非常支持！

在从事法学研究的 30 余年里，我一直主张将理论研究与实践结合起来。法律是人民意志的集中体现，产生于生活，也应该服务于百姓。法律从业者在追求自我成就的同时，也要积极服务社会，传播法律知识，为促进中国法治进步出一份力。

张含能取得今日成就，令我高兴和自豪。在跟我学习期间，她就对婚姻家事、财富传承、保险等相关领域展现出浓厚的兴趣；现在她又在这些领域发挥所长，助力诸多家庭制定财富传承规划，真正做到了理论与实践相结合。

建设法治社会，需要法律法规不断完善，更需要广大法律工作者向公众解读法律，传播法律知识，使百姓能够知法、用法。我希望张含在今后的工作中，继续坚持普及法律知识，也希望更多民众知晓如何运用法律保护自身的合法权益，守护自己的幸福生活。

在《家族财富传承：实务案例与解决方案》一书出版之际，寥寥数语，殷殷期待，是为序。

薛宁兰
2024 年 8 月 31 日
于北京

薛宁兰：中国社会科学院研究生院教授、博士生导师，中国社会科学院法学研究所研究员、性别与法律研究中心主任。兼任中国法学会婚姻家庭法学研究会副会长、中国社会法学研究会常务理事、中国妇女研究会常务理事兼副秘书长、中国婚姻家庭研究会常务理事、北京市妇女法学研究会副会长。

研究领域为婚姻家庭法、妇女法。出版专著 2 部、合著 2 部、主编 9 部，发表论文 50 余篇，撰写研究报告 10 余篇。著有《中国民法典草案建议稿附理由：亲属编》《社会性别与妇女权利》《民法典之婚姻家庭编立法研究》等。

推荐序二

改革开放以来,我国的经济得以迅速发展,居民的家庭财产也逐渐积累起来。

随着20世纪90年代末期房地产市场的改革,我国出现了"房地产热"。在此后的20年时间里,我国房价不断上涨,房产成为城市家庭中最大的一笔财产。

随着我国民营经济的发展,很多民营企业家积累了大量的股权和其他各种有价证券,这成为另一笔巨大的财富。虽然企业家在我国家庭中算是少数,但需要承认的是,我国家庭的财产权利结构变得更加复杂。

自古以来,我国就是一个家庭观念很重的国家,尤其是20世纪80年代以来,父母对子女的慈爱,更是成为一种不可解于心的厚爱。改革开放已经40多年,创造财富的第一代已垂垂老矣,他们希望把自己历尽艰辛积累的财富按照自己的心愿传承给下一代,让子女们能够站在父辈的肩上,生活得更幸福,使他们前进的道路更平坦。其中就涉及家族财富的传承问题。

有些创富者往往基于传统的思想和自己朴素的感情、愿望,来处理家族财富传承的问题。然而，由于经济的快速发展，我国的社会结构和社会关系发生了巨大的变化。在现代社会中，很多问题已经无法再依照传统观念来处理，而需要现代法律来进行规范。家族财富传承的问题同样如此，仅仅依靠传统观念已经行不通。另外，随着家庭关系和财产关系日益复杂，人们还需要借助金融工具来完成财富传承。

然而，一些创富者还没能及时转变观念，没有做任何法律或金融的传承安排，最终酿成悲剧。比如，在分家析产之后，子女弃养父母；子女为了争夺家产反目成仇；夫妻一方去世，另一方重组家庭，造成财产不能如愿传给子女，等等。这些无规划的传承不仅成为破坏家庭和谐的导火索，还成为社会的不稳定因素。

因此，对于家族财富传承，专业法律人士的协助是非常有必要的。

本书作者张含，是京师律师事务所的金牌律师，拥有法学学士和经济学硕士学位。具有双重知识背景的张含，长年致力于解决家族财富传承的法律问题，从中积累了极为丰富的经验。此外，张含还特别注重传播法律知识，在全网拥有百万粉丝，希望通过自媒体平台帮助更多有相关需求的人。

作为张含的硕士生导师，我看了她的这本新书之后，有以下四个体悟：

第一，实操性强。本书上篇每讲以案例为切入点，逐一讲解了家族财富传承中的各种风险；下篇则手把手地教读者如何"避雷"。读者可以将本书当作实操指南，在需要时翻开，寻找解决方法。

第二，非常通俗。我的专业是经济学，我经常觉得法律条文十分繁冗枯燥，一看就头痛。但拿起这本书，我却完全没有那种感觉。本书内容直击痛点，能迅速激发读者的兴趣，让人拿起来就放不下；语言通俗易懂，对读者非常友好，可读性强。

第三，专业严谨。本书对每个案例的分析，以及给出的解决方案都有严谨的法律依据，体现了非常高的专业性、严谨性，让人读得放心、安心。

第四，全面。虽然本书的篇幅不长，但汇集了家族财富传承涉及的各种法律问题。读者只需一册在手，就可以全面地了解财富传承中的风险及解决方案，还可以将其作为工具书收藏，以备不时之需、以解不虞之患。

总之，本书是张含在财富管理领域多年的理论知识和实战经验的总结，非常适合有财富传承需求的客户，以及财富管理从业者阅读学习。我相信，本书将会为我国财富管理服务的不断进阶，作出一定的贡献。

徐华

2024 年 8 月 21 日

于北京

徐华：中央财经大学经济学院副教授，中国社会科学院研究生院博士，拥有日本京都大学经济学部两年博士后研修经历。研究方向为制度经济学，从事经济制度与文化关系的研究多年。主讲宏观经济学、微观经济学、管理经济学、制度经济学、中国经济思想史、老子、庄子等课程。代表著作有《从家族主义到经理主义：中国企业的困境与中国式突围》《从传统到现代：中国信贷风控的制度与文化》。

推荐序三

我和张含律师相识于 2021 年的平安人寿总公司全国高峰会，这是平安人寿对全国顶尖代理人的荣誉表彰、成果展现大会。当时，她是大会的分享讲师，为大家分享法税知识，而我作为平安人寿多年的销冠在现场聆听。相识之后，我们相谈甚欢，而且我发现，我们的很多财富管理理念非常一致，都秉持着专业至上、人品至上的信念来服务客户。

2022 年，我们二人联手做了一个视频课程。在此过程中，张含律师在理论和实战方面的专业性给我留下了深刻的印象，我一直期待我们还有合作的机会。如今，张含律师邀请我为她的新书《家族财富传承：实务案例与解决方案》写推荐序，我欣然为之。

自从 1997 年加入保险行业，我已经在这个行业深耕了 27 年。从业多年以来，我一直践行这样的工作模式，即保险代理人不仅要卖保险和卖服务，更要成为财富顾问，去"卖筹划"和"卖综合解决方案"，这样才能更好地服务高端客户。所谓的筹划，就是财富顾问结合客户的具体情况和个性化需求，从财富管理的角度，综合运用保险、信托等工具，为客户进行整体的规划。这意味着，财富顾问需要学习更多的金融和法律知识，提高自身的综合能力，以便为客户提供更优质的服务。

2019 年，我国保险代理人的数量达到了前所未有的 900 多万人。但如今，随着我国保险行业的转型，保险代理人的数量已经锐减到 200 多万人。整个行业对保险代理人整体素养的要求越来越高。因此，在这个阶段，大家尤其需要综合学习金融和法律知识，以便能在这个行业更好地留存，为更多的客户提供全方位的规划。

张含律师的这本新书，能非常好地帮助财富顾问学习，提升其服务客户的综合能力，特别符合当前市场的需要。此外，本书也非常适合财富顾问和客户一起学习，让客户直接感受到财富传承规划的必要性。

张含律师在财富管理领域深耕 10 余年，积累了丰富的理论知识和实战经验，这本书就是她多年辛苦耕耘的智慧结晶。在本书上篇中，张含律师通过 30 个实务案例总结了财富传承过程中的种种风险，其中很多是客户根本想不到的；之后对案例进行了细致的分析，并针对具体风险给出了专业的解决方案。通过学习这部分内容，财富顾问在为客户提供服务的过程中，可以更好地结合客户的家庭和财产情况，帮助客户发现经常忽略的财富风险，让客户意识到提前规划的重要性。

在本书下篇中，张含律师针对遗嘱、保险、信托等 6 种常见工具，尤其是保险和信托，进行了系统而专业的讲解。通过对这部分内容的学习，财富顾问不仅可以更深入地理解保险，还可以掌握其他多种工具，从而将保险与遗嘱、信托等相结合，并根据客户的个性化需求，为客户提供综合性的规划。

相较于其他财富管理类书籍，本书不仅通俗易懂、生动有趣，还非常具有实用性，让我受益匪浅。所以，我非常诚挚地将本书推荐给各位伙伴，以及有家族财富传承需求的客户阅读。我相信，读完本书后，大家一定可以获得新的启发和收获。

叶云燕
2024 年 8 月 26 日
于厦门

叶云燕：畅销书《给成交一个理由：叶云燕的销售圣经》作者、多平台全面发展的保险明星（全网粉丝已超 160 万人）、资产持有架构师（A-STEP）、中级独立理财顾问（IFA）、国家一级理财规划师（ChFP）、国际认证财务顾问师（RFC）、美国注册财务策划师（RFP）、财富传承管理师（AWIP）。

2005—2023 年连续 19 年中国平安人寿全国业绩前三名、中国平安人寿高级总监及阳光明欣理财团队和明欣家族办公室创始人、中国平安人寿厦门分公司连续 13 年冠军团队领军人、中国平安人寿全国高峰会会长、美国百万圆桌大会（MDRT）2013—2014年中国区主席、中国国际保险精英圆桌大会（CMF）执行主席、美国百万圆桌大会终身会员（19年MDRT会员，14年TOT会员）、世界华人保险大会（IDA）最高奖"杰出业务白金奖"终身会员。

前言

西汉史学家司马迁的《史记·货殖列传》中有这样一句话："富无经业，则货无常主，能者辐辏，不肖者瓦解。"这句话的意思是，致富并不局限于特定的行业，财富也不会永远属于某个人。对于有能力的人，财富会像车轮的辐条集中于车轴一样快速聚集；对于没有能力的人，财富会像瓦片破碎一样迅速消散。这句话不仅是对商业活动的观察和总结，也是对财富本质的一种哲学思考，即使过去了2000多年，在当下依旧精辟透彻。这里的"能力"包含多方面的意思。创富是一种能力，传富也是一种能力；父辈有能力，不代表子女有能力。我们要想家业永续，就要做好财富传承规划。

自改革开放以来，我国经济发展迅猛，很多人抓住了契机，在创富浪潮中积累了大量财富。随着时间的推移，一代创富人士陆续进入财富传承期，要进行财富和权力的交接。但是我们在新时代的财富传承规划方面没有充分的经验。由于未做好财富传承规划而导致财富流失，甚至亲情破裂的情况时有发生。传承纠纷不仅伤财，更加伤情，因为当事人都是彼此的至亲。此外，因不重视财富传承规划而导致传承的手续繁杂、税费成本高昂，甚至无法继承的情况也是有的。所以，一代创富人士亟须切换视角，把财富传承规划放在第一优先级上。

  我有幸在执业之初便进入财富传承领域，10余年来积累了不少实践经验，也通过授课和咨询累计为几十万位高净值人士提供服务，结识了众多财富管理从业人员。我遇到过很多让人大跌眼镜的案例，处理过牵扯众人的复杂纠纷，助力过高净值人士进行精准传承，帮助过弱势群体争取本应属于他们的权益。在这个过程中，我深感普及法律知识和金融知识的重要性，事前规划远远大于事后补救。因此，我将自己从业多年积累的专业知识和经验汇聚于此书，希望能够帮助大家做好财富传承的提前规划。

  为了让大家能轻松地阅读本书，本书上篇通过30个财富传承案例，分析财富传承中的各种"坑"。每个案例后有专业分析、专家建议、启示金句，帮助大家深入理解财富传承的风险。本书下篇深入剖析了6种常见的财富传承工具，帮助大家理解不同工具的优缺点和适用情形，以便提前做好财富传承规划，预防传承中的风险。我希望这样的内容设计能让大家收获满满。当然，本书难免存在一些不足，欢迎大家与我一同探讨。

  最后，我希望所有人都能把握时代脉搏，做好财富传承规划，实现家业永续、和谐美满、幸福永驻。

张舍

2024年8月7日

于北京

目录 Contents

上篇　30个案例解密财富传承风险

第一讲　大错特错：法定继承就得了，那么麻烦干什么？
——法定继承风险解析

案例一：半年损失 3/8 的房产，遗产竟要分给前妻　/ 003

案例二：法定继承难预料，死亡顺序有玄机　/ 009

案例三：人丁兴旺大家族，财富传承惹纠纷　/ 013

第二讲　梦该醒了：我家只有一个娃，将来财富都给他！
——独生子女面临的传承困局

案例四：监护人挪用财产的忧与伤　/ 019

案例五：股权传承需谨慎，防止身后失了权　/ 024

第三讲　再婚家庭难念经，婚外生子更伤情
——复杂家庭的财富传承风险

案例六：重组家庭继承难，新继承人突然出现为哪般　/ 028

案例七：婚外生子继承难，木已成舟早规划　/ 034

第四讲　什么？办继承手续，还得证明我妈是我妈？
——财富传承中的继承公证难关

案例八：独生子女继承难，继承公证闯天关　　　　　　　／039

案例九：继承手续莫拖延，代价昂贵难承受　　　　　　　／046

第五讲　天啊，我打下的江山，无关人员还能分？
——法定继承可能导致的财富外流

案例十：突然冒出的前妻能分遗产吗　　　　　　　　　　／051

案例十一：侄子竟然也能分遗产　　　　　　　　　　　　／054

案例十二："假结婚"的后遗症　　　　　　　　　　　　／058

第六讲　人死了还得还债？也太悲催了吧！
——财富传承中的债务问题

案例十三：身后个人债务，配偶不用还　　　　　　　　　／062

案例十四：身后共同债务，配偶需承担连带责任　　　　　／067

案例十五：巧用保单隔离身后债务　　　　　　　　　　　／070

第七讲　写了遗嘱就一定万事大吉了吗？
——遗嘱继承的风险解析

案例十六：遗嘱形式要求高，细微之处大不同　　　　　　／073

案例十七：遗嘱有效，就一定能被执行吗　　　　　　　　／080

案例十八：在个人自由之上，还有公序良俗　　　　　　　／082

第八讲　不想给儿只想给孙，隔代传承要注意
——隔代传承的典型风险
案例十九：孙子能继承爷爷留下的房子吗　　/ 088
案例二十：监护人问题导致隔代传承失败　　/ 092

第九讲　提前过户给孩子最省事？没那么简单！
——生前传承财富的风险
案例二十一：子女意外财外流，理性规划保平安　　/ 096
案例二十二：提前过户给晚辈，婚姻风险分一半　　/ 100
案例二十三：失去财富控制权，晚年生活难保障　　/ 103

第十讲　传承不是结束，而是新的开始
——财富传承后的管理风险
案例二十四：因意外而接班，从兴盛到破产　　/ 107
案例二十五：创二代责任大，奢靡生活损斗志　　/ 111
案例二十六：分家析产有规划，正面案例可借鉴　　/ 114

第十一讲　漂洋过海易，跨境传承难
——跨境传承的重重困难
案例二十七：境外获得的保险金，到底该给谁　　/ 118
案例二十八：中国子女继承境外遗产的困难　　/ 122
案例二十九：外籍身份子女继承中国遗产的困难　　/ 124
案例三十：境外继承成本高，遗产税费砍一刀　　/ 127

下篇 6种工具化解财富传承担忧

第十二讲 赠与：实现生前财富传承

一、赠与的定义　　　　　　　　　　　　　　　/ 133

二、通过赠与传承财富的优点和缺点　　　　　　/ 134

三、签订了赠与合同可以反悔吗　　　　　　　　/ 135

四、适合用赠与传承财富的五种情形　　　　　　/ 139

五、房产赠与要注意过户手续和税费问题　　　　/ 140

第十三讲 遗嘱：财富传承的兜底工具

一、遗嘱的定义　　　　　　　　　　　　　　　/ 141

二、避免遗嘱无效的五个要点　　　　　　　　　/ 141

三、实现传承心愿的前提：正确认识遗嘱的利与弊　/ 143

四、适合遗嘱继承的三种情形　　　　　　　　　/ 146

五、遗嘱继承中常见的八个问题　　　　　　　　/ 146

六、遗产管理人制度解析　　　　　　　　　　　/ 148

第十四讲 遗赠和遗赠扶养协议解析

一、遗赠的定义　　　　　　　　　　　　　　　/ 153

二、赠与和遗赠的三大区别　　　　　　　　　　/ 153

三、遗嘱和遗赠的两大区别　　　　　　　　　　/ 154

四、通过遗赠传承财富的优点和缺点　　　　　　/ 156

五、遗赠扶养协议解析　　　　　　　　　　　　／157

第十五讲　保险：财富传承的必备工具

一、保险的定义　　　　　　　　　　　　　　／160

二、保险的分类　　　　　　　　　　　　　　／162

三、人身保险的三种类型　　　　　　　　　　／164

四、保险合同的三大主体及其权利　　　　　　／173

五、保险的五大传统功能　　　　　　　　　　／179

六、保险的四大法税功能　　　　　　　　　　／181

七、适合用保险做财富传承规划的六类人群　　／208

八、保险传承财富的三个局限　　　　　　　　／213

第十六讲　信托：财富世代传承的"皇冠明珠"

一、信托的基础知识　　　　　　　　　　　　／216

二、家族信托：功能、设立和适用人群　　　　／230

三、保险金信托：版本、设立和适用人群　　　／244

后　记　　　　　　　　　　　　　　　　　　／273

上篇

30个案例解密财富传承风险

在过去几十年里，中国的高净值人士在时代的激流中奋勇拼搏，为自己、家人、社会积累了大量财富。大多数高净值人士将目光聚焦在"打江山"上。然而，"财富千千万，最终归家园"，一代最终要将辛苦创造的财富传给二代、三代。如果高净值人士不做财富传承规划，会面临各种意想不到的风险。因此，高净值人士需要切换视角，将目光聚焦在"守江山"上，积极做好财富传承规划，将自己一生的积累传承给意中人。

本篇将通过一系列案例，解读在财富传承中不做规划的种种风险，为大家在财富传承之路上点燃一盏灯，照亮未来的路。

第一讲

大错特错：法定继承就得了，那么麻烦干什么？
—— 法定继承风险解析

在现实生活中，很多高净值人士会主动或被动采用法定继承的方式来传承财富。主动采用者认为，既然法律已经明确规定了法定继承的相关规则，按照法律规定去安排就可以了，这样最简单，也最公平。被动采用者往往因为突发意外且没有提前规划，所以不得不采用法定继承。

实际上，法定继承不是财富传承的最好方法，甚至不算是一种方法，只是没有其他方法的无奈之举。有时候，法定继承的结果甚至会让人大跌眼镜、难以接受。

接下来，我们通过三个案例来分析一下，法定继承常见的一些"坑"。

案例一：半年损失 3/8 的房产，遗产竟要分给前妻

康先生是北京人，家境比较殷实，其父母在退休前都是大企业的领导。郑女士来自小城市，家庭条件一般，但长得漂亮，人又优

秀。她凭借自己的努力考上了北京一所不错的大学，毕业后，留在了北京工作。康先生经人介绍认识了郑女士，两人情投意合，很快就结婚了。

康先生的父亲康老先生，在儿子结婚前就去世了，给儿子和妻子康老太太留下了两套房子。康先生和郑女士结婚后，为了方便上班，住在其中一套在市区的小房子里。康老太太则一个人住在另外一套在郊区的大房子里。

后来，小康出生了。为了不耽误工作，康先生和郑女士请了保姆来照顾小康。结果，本来就小的房子一下子变得不够住了。此外，康先生家"三代单传"，所以康老太太非常疼爱孙子小康。虽然身体不好，但因为想念孙子，康老太太经常坐很长时间的地铁来看望小康。康先生和郑女士觉得这样太麻烦，也担心母亲的身体，再加上现在住的房子有些拥挤，于是他们决定把小房子租出去，搬到母亲住的大房子里，和母亲一起住。

一家人生活在同一屋檐下没多久，矛盾便开始出现了。康老太太溺爱孙子，对孙子可谓有求必应。但关于如何育儿，郑女士有自己的观点，所以非常看不惯婆婆的做法。康先生夹在中间，既心疼妻子，又心疼母亲，没能扮演好调解者的角色。结果，婆媳之间的矛盾日益加深。

在小康3岁那年，郑女士忍无可忍，搬离了他们的住房，并向法院提出了离婚诉讼申请。在法庭上，郑女士态度坚决，声称夫妻性格不合，而且婆媳矛盾严重。但康先生并不想离婚，在法庭上也一直表现出不愿意离婚的态度。此外，康老太太也希望孙子可以有

第一讲 大错特错：法定继承就得了，那么麻烦干什么？

一个完整的家，所以一直劝说儿媳，并承诺会改正之前不当的做法。最终，法院驳回了郑女士的第一次离婚诉讼请求。

后来，考虑到儿子年纪尚小，郑女士搬回了住房，并尝试恢复和睦的生活。但经历这场离婚风波后，家人的关系难免会产生裂痕。而且，康老太太本来身体就不太好，经这场离婚风波一折腾，突然病倒了，半年后离开了人世。对康先生来说，母亲的离世是一个非常沉重的打击。他坚持认为，如果郑女士没有闹离婚，母亲就不会病倒。此外，他认为，在母亲生病期间，郑女士也没有好好照顾母亲。康先生觉得愧对母亲，且无法再面对郑女士，于是态度坚决地向法院提出了离婚诉讼申请。

让人没想到的是，在第二次离婚诉讼中，郑女士提出了要分割康老太太留下的那两套房子的诉求。康先生很吃惊地说："那是我父母留下的房子，和你有什么关系？"那么，郑女士提出的诉求可以得到法院的支持吗？

专业分析

我们先来看一下《民法典》的相关规定。

第一千零六十二条　夫妻在婚姻关系存续期间所得的下列财产，为夫妻的共同财产，归夫妻共同所有：

（一）工资、奖金、劳务报酬；

（二）生产、经营、投资的收益；

（三）知识产权的收益；

（四）继承或者受赠的财产，但是本法第一千零六十三条第三项规定的除外；

（五）其他应当归共同所有的财产。

夫妻对共同财产，有平等的处理权。

第一千零六十三条　下列财产为夫妻一方的个人财产：

（一）一方的婚前财产；

（二）一方因受到人身损害获得的赔偿或者补偿；

（三）遗嘱或者赠与合同中确定只归一方的财产；

（四）一方专用的生活用品；

（五）其他应当归一方的财产。

根据上述法条的规定，我们可以知道，在没有遗嘱确定财产只归夫妻一方的情况下，夫妻在婚姻关系存续期间所继承的财产为夫妻共同财产。由于康老太太在离世之前，没有留下遗嘱，因此，她留下的那两套房子属于康先生和郑女士的夫妻共同财产，归两人共同所有。也就是说，在康先生和郑女士离婚时，郑女士理论上是可以分到一半房产的。

但实际上，郑女士无法正好分得一半房产。为什么呢？因为在康老先生去世时，那两套房子已经发生过一次继承，即由康老太太和康先生所继承。那么，继承的结果是怎样的呢？《民法典》的相关规定如下。

第一讲　大错特错：法定继承就得了，那么麻烦干什么？

第一千一百二十七条　遗产按照下列顺序继承：

（一）第一顺序：配偶、子女、父母；

（二）第二顺序：兄弟姐妹、祖父母、外祖父母。

继承开始后，由第一顺序继承人继承，第二顺序继承人不继承；没有第一顺序继承人继承的，由第二顺序继承人继承。

本编所称子女，包括婚生子女、非婚生子女、养子女和有扶养关系的继子女。

本编所称父母，包括生父母、养父母和有扶养关系的继父母。

本编所称兄弟姐妹，包括同父母的兄弟姐妹、同父异母或者同母异父的兄弟姐妹、养兄弟姐妹、有扶养关系的继兄弟姐妹。

第一千一百五十三条　夫妻共同所有的财产，除有约定的外，遗产分割时，应当先将共同所有的财产的一半分出为配偶所有，其余的为被继承人的遗产。

遗产在家庭共有财产之中的，遗产分割时，应当先分出他人的财产。

由于那两套房子原本是康老先生和康老太太的夫妻共同财产，所以在康老先生去世后，康老太太先分得1/2，剩下的1/2是康老先生的遗产，由其继承人继承。在本案例中，康老先生的第一顺序继承人为康老太太和康先生，所以康老先生的遗产要分成两份，一份给康老太太，另一份给康先生。因此，这次继承的结果是康老太太分到了那两套房子的 1/2+1/4=3/4，康先生分到了

1/4。彼时，康先生还没有结婚，所以这 1/4 的房产是康先生的个人财产。

后来，康老太太去世了，她所拥有的 3/4 的房产又会被康先生继承。此时，康先生已经结婚了，所以他继承的房产属于他和郑女士的夫妻共同财产。因此，郑女士在离婚时，能分到的房产是 3/4 的一半，也就是 3/8。

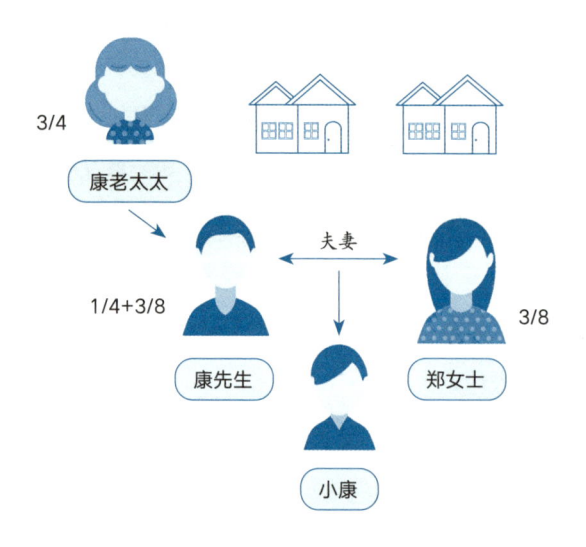

如果康先生在郑女士第一次提出离婚时就同意离婚，彼时康老太太还在世，郑女士是分不到这部分房产的。仅仅时隔半年，郑女士就能分到 3/8 的房产，不知道康先生的内心作何感想。

专家建议

通过上述分析，我们可以知道，法定继承最大的问题之一是，它会造成家族财富外流。

就法定继承这种方式来说，它会使父母留给子女的财产变成夫妻共同财产。如果子女的婚姻美满，那么财富是夫妻共同财产还是个人财产，并没有太大的影响。但如果子女的婚姻破裂，则一半财产可能会被配偶分走。这恐怕是所有父母不愿意看到的结果。因此，我们最好不要选择法定继承，而要主动传承，提前做好安排。通过合理的规划，我们能做到既不伤害子女的夫妻感情，当子女的婚姻出现问题时，也不会损失大量的财产。

启示金句

您想把财产留给子女个人，还是他们夫妻二人呢？

——张含律师

案例二：法定继承难预料，死亡顺序有玄机

小煜出生在一个幸福的家庭，其父母都是企业中的领导，家境殷实。小煜的父母都是独生子女，结婚后没有和各自的父母生活在一起，小家庭的日子其乐融融。由于小煜的外公身体不太好，缠绵病榻，因此小煜的父母经常开车去看望小煜的外公和外婆。有一

次，他们在看望小煜外公和外婆的途中不幸发生了车祸，小煜的爸爸不治而亡，小煜的妈妈成了植物人。这个和谐幸福的家庭一夜之间分崩离析。

小煜当时只有5岁，不能独立生活，而小煜的外公本来身体就不好，需要人照顾，所以小煜的爷爷、奶奶把小煜接到了家里抚养。小煜的外婆则专心照顾小煜的妈妈和外公。原本两家老人的关系很好，但经历这样的变故后，他们的关系慢慢地发生了变化。

一开始，小煜的爷爷、奶奶经常去医院看望小煜的妈妈。他们每次看到儿媳躺在病床上，不免想起自己死去的儿子，十分悲痛。小煜的外公、外婆很心疼自己的女儿，时常埋怨小煜的父亲开车太快、不遵守交通规则才导致了这样的惨剧。小煜的爷爷、奶奶对此感到很气愤。渐渐地，两家老人的联系越来越少。

两年后，小煜的妈妈不幸离开了人世。在处理完小煜妈妈的后事后，两家老人掀起了一场争夺抚养权和继承权的大战。

专业分析

大多数人可能会认为，按照法定继承，小煜父母的遗产应该一家分一半。至于小煜，两家人可以轮流抚养。考虑到小煜的外公身体不太好，可以把小煜的抚养权给爷爷、奶奶，外公、外婆想孩子时，可以随时去看望。这样问题就完美解决了。但实际上，由于小煜的爸爸、妈妈死亡的时间不同，遗产继承的顺序不同，所以最后两家人继承的遗产份额是不一样的。

第一讲 大错特错：法定继承就得了，那么麻烦干什么？

小煜的爸爸去世时，小煜的妈妈还在世。由于他们的财产为夫妻共同财产，所以小煜的妈妈先分得 1/2 的财产，剩下的 1/2 是小煜爸爸的遗产。小煜爸爸的第一顺序继承人包括小煜、小煜的爷爷和奶奶，以及小煜的妈妈。因此，小煜爸爸的遗产要平均分成 4 份，每位继承人可以获得 1/8 的财产。这样，小煜的妈妈一共可以获得 1/2+1/8=5/8 的财产，小煜以及小煜的爷爷、奶奶每人可以获得 1/8 的财产。

两年之后，小煜的妈妈去世，她的第一顺序继承人包括小煜和小煜的外公、外婆。所以，小煜妈妈的遗产要平均分成 3 份，每位继承人可以获得 5/24 的财产。最终，小煜一共可以获得 1/8+5/24=1/3 的财产，小煜的爷爷、奶奶一共可以获得 1/4 的财产，小煜的外公、外婆一共可以获得 5/12 的财产。可见，小煜的外公、外婆比小煜的爷爷、奶奶继承的份额多 1/6。

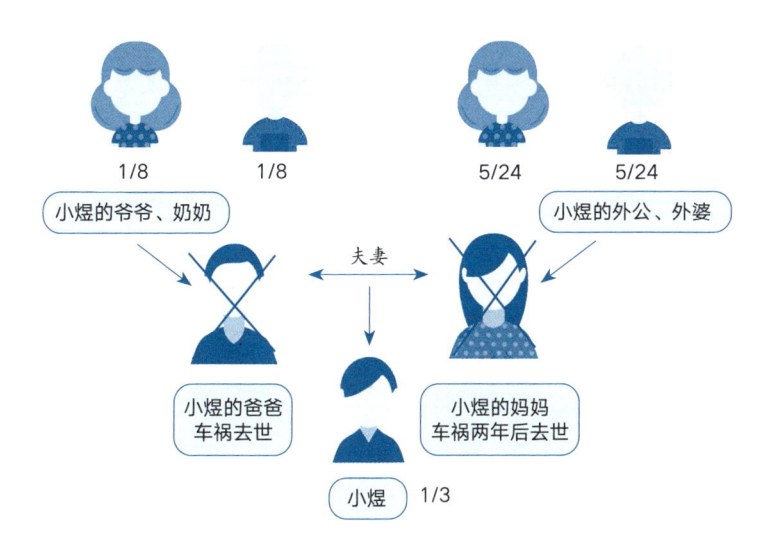

在小煜的妈妈躺在医院的这两年里,小煜的爷爷、奶奶一直负责抚养小煜,而小煜的外公、外婆却分得了更多的遗产,因此小煜的爷爷、奶奶心里非常不平衡。此外,两家人都不愿放弃小煜的抚养权,毕竟小煜现在还年幼,谁获得了抚养权,谁就可以掌管他继承的 1/3 的财产。由于小煜的爷爷、奶奶一直在抚养小煜,与小煜的关系更加亲密,最终他们成功获得了抚养权。然而,两家人因为一系列事情彻底撕破了脸,曾经幸福的家庭也不复存在。

专家建议

根据上述分析,我们可以知道,由于被继承人死亡的时间不同,两个家庭最终继承的遗产份额也是不同的。但这种分法让当事人难以接受,毕竟两个家庭都失去了自己唯一的孩子。此外,对高净值人士来说,1/6 的份额可能高达百万元。

虽然法定继承是平均分配,其结果却不一定尽如人意。因此,我们不要被动等待法定继承,而要主动传承。我们应尽量提前对财富传承进行规划,因为没有人知道明天和意外哪个先来临。

启示金句

人生无常,经过法定继承的排列组合之后,我们继承的遗产份额可能会出乎意料。我们一定要提前主动规划,防止财富失控!

——张含律师

案例三：人丁兴旺大家族，财富传承惹纠纷

梁先生是当地小有名气的企业家，早年创业，经营着一家利润可观的化工企业。梁先生出生在一个大家庭，是家里的长子，有四个弟弟和妹妹。因此，梁先生在自己的事业小有成就之后，对家人十分照顾，安排弟弟和妹妹，以及他们的孩子在化工企业担任部门经理、行政、采购等职位。也就是说，梁先生的企业是一个非常典型的家族企业。

梁先生自己也有一个非常幸福的家庭。梁先生和梁太太伉俪情深，两人都是草根出身，一起打拼了十几年才有现在的家业。他们有两个十分可爱的儿子——小梁和小小梁，两个孩子已经上学。

然而，这个和谐美满大家庭的幸福生活，却因为一件事情画上了终止符。

有一次，梁先生在出差时途经一段山路。由于当时天色比较晚，司机没有注意，开车撞到了护栏，结果汽车翻到了山下，梁先生和司机当场去世。在得知这个噩耗之后，梁先生家立刻乱成了一锅粥。

由于梁先生既是家里的顶梁柱，又是企业的掌舵人，所以在他离世之后，企业因为没有人作出有效的决策而无法正常运转。屋漏偏逢连夜雨。梁母本来身体就不好，一时间又无法接受长子去世这么大的打击，结果在梁先生去世的第二年也离开了人世。这让整个家庭雪上加霜。

最麻烦的是，梁先生在去世之前没有做任何财富传承的安排，

而梁母又在遗产分割前去世了，导致家族成员因为争夺遗产而纷争不断。

💡 专业分析

由于梁先生在去世之前没有做任何财富传承的安排，所以他的遗产要按照法定顺序被继承人继承。我们知道，梁先生留下的家业是他和妻子一起打拼的，属于他们的夫妻共同财产。因此，在梁先生去世之后，梁太太先分得 1/2 的财产，剩下的 1/2 是梁先生的遗产。

梁先生的第一顺序继承人包括梁太太、小梁和小小梁，以及梁父和梁母。所以，梁先生的遗产要平均分成 5 份，每位继承人可以获得 1/10 的财产。最终，梁太太一共可以获得 1/2+1/10=3/5 的财产。

但事情还没有结束。梁母作为梁先生的法定继承人，虽然在继承开始后、遗产分割前去世了，但并没有放弃继承，因此本案例还涉及转继承的问题。《民法典》对此作出了如下规定。

第一千一百五十二条　继承开始后，继承人于遗产分割前死亡，并没有放弃继承的，该继承人应当继承的遗产转给其继承人，但是遗嘱另有安排的除外。

根据上述法条的规定，我们可以知道，梁母去世后，她应当继

第一讲 大错特错：法定继承就得了，那么麻烦干什么？

承的遗产需要转给其继承人。梁母的第一顺序继承人包括梁父、梁先生，以及梁先生的四个弟弟和妹妹。有人可能会问，梁先生此时不是已经去世了吗？为什么还要算上梁先生呢？因为我国还有一个制度，叫作代位继承。《民法典》的相关规定如下。

第一千一百二十八条　被继承人的子女先于被继承人死亡的，由被继承人的子女的直系晚辈血亲代位继承。

被继承人的兄弟姐妹先于被继承人死亡的，由被继承人的兄弟姐妹的子女代位继承。

代位继承人一般只能继承被代位继承人有权继承的遗产份额。

根据上述法条的规定，我们可以知道，由于梁先生先于梁母去世，他的儿子小梁和小小梁应该代替他继承梁母的遗产。需要注意的是，小梁和小小梁只能继承梁先生有权继承的遗产份额，而不能像梁母的其他继承人一样，分别单独继承一份遗产。所以，梁母的遗产要平均分成 6 份，由梁父、梁先生的四个弟弟和妹妹各继承 1/6，剩下的 1/6 由小梁和小小梁共同继承。

这样，梁先生的四个弟弟和妹妹，每个人都间接继承了全部财产的 1/60。梁父之前从梁先生那里继承了 1/10 的财产，再加上从梁母这里继承的 1/6 的财产，一共继承了梁先生 $1/10+1/10 \times 1/6=7/60$ 的财产。梁先生的两个儿子之前也从梁先生那里继承了 1/10 的财产，再加上他们代替父亲从梁母那里共同继承的 1/6 的财产，他们每个人继承了梁先生 $1/10+1/10 \times 1/6 \times 1/2=13/120$ 的财产。

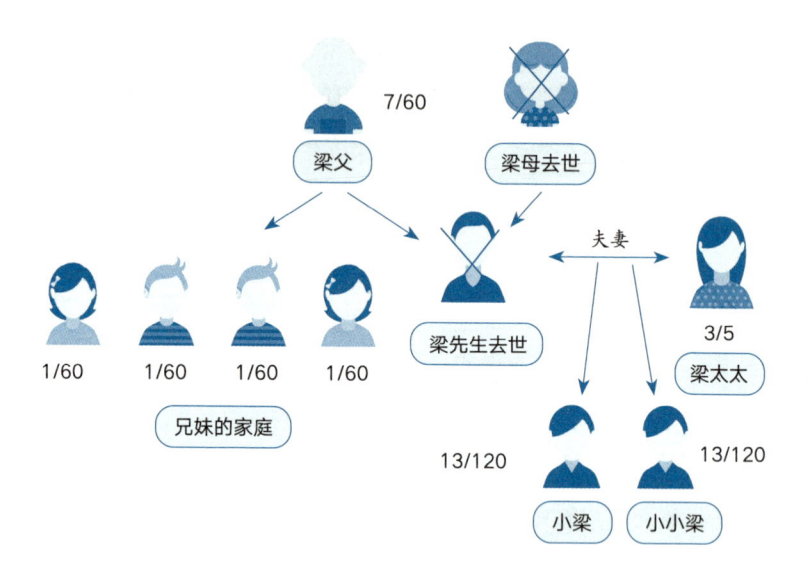

```
                  7/60
          梁父            梁母去世
           ↓   ↓           ↓
                                  夫妻
  1/60  1/60  1/60  1/60  梁先生去世 ←→  梁太太
                                          3/5
        兄妹的家庭
                           13/120    13/120
                            小梁      小小梁
```

就这样，梁先生的遗产按照法定继承被分配好了。然而，实际的继承过程可能会更加烦琐，因为梁先生留下的遗产中，除了现金、房产、汽车等相对容易折价的财产，还有大量的公司股权。

一般情况下，公司要由一位大股东来掌控。现在，梁先生这位大股东去世了，而家族的每个成员都有一定份额的公司股权，他们都想做公司的决策者，这对于公司的经营是一个非常大的挑战。此时，公司内部管理混乱，如果再遭遇竞争对手的打击，那么这个家族企业可能就离破产不远了。

有人可能会问，不直接分股权，分钱可不可以？可以，但前提是继承人愿意拿钱。梁先生的弟弟和妹妹可能并不想一次性拿到钱，而想长久地持有公司的股权，每年享受分红。另一个问题是估值。我们知道，民营非上市企业的股权价值是很难评估的。所以，股权到底价值多少，应该按照什么样的价值买断股权，是一个复杂麻烦的问题。

总之，对人丁兴旺的大家族来说，法定继承很麻烦，尤其在涉及股权继承时。如果没有提前做好财富传承的规划，只依赖法定继承，那么当意外突然降临时，不仅会激起家庭内部的矛盾，还会给公司的经营带来较大的冲击，影响家族的长久利益。

专家建议

关于公司的持续经营与股权安排，在梁先生意外去世后，如果有人能站出来"挽狂澜于既倒，扶大厦之将倾"，将公司经营扶上正轨最好。如果家族成员对公司的经营存在分歧，则可以考虑引入专业的管理团队，按照公司的治理结构和既定战略管理公司，以减少家族内部矛盾对公司运营的影响。

同时，通过本案例，我们可以看出，法定继承并不是财富传承的最好办法。法定继承不仅效率低，结果也往往不尽如人意。因此，对人丁兴旺的大家族而言，要提前做好财富传承的规划，尽量避免法定继承。比如，可以将遗嘱、保险、家族信托和保险金信托等结合起来，妥善安排财富传承。关于更系统、完整的规划建议，我们将在本书的下篇具体阐述。

启示金句

法定继承是平均分配,但平均分配不代表公平,也不代表高效。

——张含律师

第二讲

梦该醒了：我家只有一个娃，将来财富都给他！
——独生子女面临的传承困局

很多人认为，自家只有一个孩子，将来财产必然都是他的。但事实上，独生子女很可能无法拿到全部的财产。比如，案例一中的康先生虽是独生子，但因为婚姻问题，近一半的财产被前妻分走了。除了婚姻问题，代位继承也会导致财富外流。父母也是法定继承人。因此，如果被继承人先于父母去世，他的一部分财产会由其父母继承，进而流向他的兄弟姐妹，导致他的孩子即便是独生子女，也无法继承全部财产。

除了以上两种情况，还有两种情况也会导致独生子女无法继承全部财产：一种是监护人挪用被监护人的财产，另一种是特殊且复杂的财产难以继承。

接下来，我们通过案例具体分析一下这两种情况。

案例四：监护人挪用财产的忧与伤

冯先生和刘女士夫妻二人经营着一家五金厂。经过十几年的打拼奋斗，两人积累了上亿元的财富，在当地小有名气。此外，冯先生和刘女士不仅感情十分和睦，还有一个非常听话懂事的儿子。

冯先生是家里的独生子，父亲很早就离开了人世，因此冯先生对年迈的母亲十分孝顺。刘女士和婆婆也相处得十分融洽，一家人的生活可谓幸福美满。然而，由于长年四处奔波、昼夜颠倒、应酬喝酒，冯先生的身体越来越糟糕。后来有一次，冯先生在熬夜处理事务时猝死了。

冯先生去世之后，刘女士扛起了家里和公司的大小事务。刘女士是一个很坚强的女人：冯先生在世时，她就帮忙打理生意；冯先生去世后，她在工作上更加拼命。同时，刘女士把家里照顾得也很好，和从前一样对婆婆关怀备至。

当然，公司的发展也离不开高层的支持。王先生是公司的副总经理，和冯先生、刘女士有十几年的情谊，也是公司的小股东。在刘女士家突发不幸之后，王先生看到刘女士如此辛劳，很心疼她，所以就更加尽职尽责。两人越走越近。

但是，王先生有自己的家庭。他和刘女士在一起之后，很快就和自己的妻子离婚了。王先生觉得很对不起妻子，因此在离婚的时候把全部财产和儿子的抚养权都给了妻子，然后和刘女士组建了一个新家庭。他们结婚之后，生活得非常幸福，后来又生了一对龙凤胎。王先生对刘女士的儿子小冯也很好，外人甚至看不出他们不是亲生父子。

第二讲 梦该醒了：我家只有一个娃，将来财富都给他！

💡 专业分析

虽然这个案例中的冯先生家没有发生财富纷争，但我们能够明显看出冯先生的财富外流了。我们来具体分析一下。

冯先生因为是猝死的，没有做任何财富传承安排，所以其遗产要按照法定继承来处理。具体来说，在冯先生死后，刘女士先分得 1/2 的财产，剩下的 1/2 是冯先生的遗产。冯先生的第一顺序继承人包括他的母亲、刘女士和小冯。因此，冯先生的遗产要平均分成 3 份，每位继承人可以获得 1/6 的财产。从理论上来说，冯先生的母亲和小冯各自可以获得 1/6 的财产，刘女士可以获得 1/2+1/6=2/3 的财产。

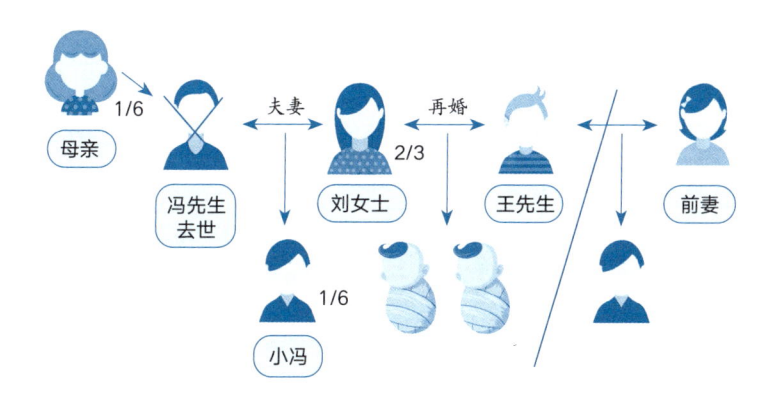

但实际上，所有财富都掌握在刘女士的手中。第一，冯先生的母亲年纪大了，而且没有其他子女，未来需要刘女士照顾。刘女士和婆婆的关系一直很好，在冯先生去世之后，刘女士继续照顾他的母亲，每个月给她养老金，定期去看望她。此外，冯先生的母亲和天下众多老人一样,将来会把继承的遗产给自己的孙子。所以,冯先生的母亲实际上放弃了遗产继承权。第二,冯先生去世时,小冯还没有满18周岁,所以小冯继承的遗产也将由刘女士掌管。

在继承冯先生的财产后,刘女士可以根据自己的意志来处分所继承的财产,任何人不得干涉。我们来看一下《民法典》的相关规定。

第一千一百五十七条 夫妻一方死亡后另一方再婚的,有权处分所继承的财产,任何组织或者个人不得干涉。

由于王先生离婚时把全部财产都给了妻子,因此,他和刘女士在组建家庭时,花的都是刘女士的钱,而刘女士的钱有一半是冯先生打拼来的。冯先生辛苦了一辈子,肯定希望把全部财产留给小冯。虽然刘女士和王先生肯定会给小冯提供优渥的生活,他们也为公司经营付出了很多,未来也还会再赚很多钱,但在他们的儿女出生之后,小冯能分到的财产必然会变少。因此,站在冯先生的角度来看,他的传承心愿没有达成,因为他毕生积累的财产大部分给了和自己完全不相干的人,而他最想给的人却没有拿到大部分财产。

当然,小冯在成年之后,可以要求母亲把他应继承的遗产给他,但在现实生活中,这可能很难实现。首先,父母在养育子女的过程中会花费大量的钱财,大多数家庭一般不会记账。因此,无论是刘女士还是小冯,都无法精确得知养育的实际花销与继承所得的遗产的具体差额。其次，小冯离成年还有较长的时间。在多年以后，他难以举证来证明刘女士挪用、侵占他应继承的遗产。最后，小冯可能根本不知道其中原委，而且考虑到与母亲的关系，也不会去主张权利。所以在很多情况下，监护人若想挪用、侵占财产是无法避免的。

专家建议

很多高净值人士做了大量的投资理财、债务筹划、税务筹划，却忽视了最重要的财富传承规划，结果导致留下的巨额财富无法全部传承给子女。案例四就证明了这一点。

"天要下雨，娘要嫁人"，这是无法阻止的事情。寻找自己的幸福是每个人的权利，但从财富传承的角度来看，先去世的人留下的财富随时可能被带去新家庭。因此，我们只有在生前做好规划，才能让财富按照自己的意愿传承下去。

我们可以使用信托工具来传承财富，以保证子女能够得到全部财产。比如，家族信托和保险金信托都能起到很好的财富传承作用，保证在创富者离世之后，按照其意愿进行财富传承。信托工具之所以能有这样的效果，是因为它不但帮助创富者将其财产按照信托合同循序渐进地给予子女，而且还可以实现个性化的分配方案。

针对监护人挪用财产的风险，我们可以在信托合同中约定子女在成年后才能领取信托利益，或者在未成年时领取很少的利益，同时约定配偶再婚即失去领取信托利益的资格。这样，我们就不用担心配偶带着财富去新家庭，从而损害自己子女的利益。关于信托工具的更多应用分析，我们将在本书下篇具体阐述。

💡 启示金句

先去世的人留下的财富，随时可能被带走去组建新家庭。我们虽然在身后无法阻止，但可以在生前进行规划。

——张含律师

案例五：股权传承需谨慎，防止身后失了权

周先生是某房地产公司的股东，持有该公司 30% 的股权。周先生只有周小姐一个女儿，打算让女儿接自己的班。周小姐从海外留学回来后，就在公司的基层轮岗，为接班做准备。但没有等到顺利接班，周先生突然因病去世了。周先生去世之后，周小姐提出继承父亲的股权，她的配偶和母亲都没有异议。

随后，周小姐请求该房地产公司确认她在公司享有的股权，并且把她记载到股东名册，同时办理股权变更登记手续。但这一请求遭到了公司的拒绝。公司只答应把当年周先生出资的 2100 万元以及持股期间的股权收益返还给周小姐，不承认周小姐的股东身份。

周小姐自然不接受这个结果，因为公司的运营状况良好，未来还有上市的打算，每年的分红和整体估值都是很高的。周小姐不想

第二讲 梦该醒了：我家只有一个娃，将来财富都给他！

失去一只可以持续"下金蛋的鸡"。于是，周小姐将该房地产公司告上了法庭。这个官司一直打到了最高人民法院。

💡 专业分析

那么最高人民法院会如何判决呢？我们先来看一下《中华人民共和国公司法》（以下简称《公司法》）的相关规定。

第一百六十七条 自然人股东死亡后，其合法继承人可以继承股东资格；但是，股份转让受限的股份有限公司的章程另有规定的除外。

根据上述法条的规定，我们可以知道，如果公司章程规定股东的继承人不能继承股权，那么周小姐就无法继承周先生的股权。《公司法》为什么会允许公司章程对死亡股东的股权处理方式另做安排呢？这是因为公司的经营有人合性。

人合性强调股东之间的信任与合作关系。由于股东不只是享受分红，还要在公司关键事务上投票、表决，为公司的发展方向定基调，所以公司对于股东的身份是有要求的，不是人人都可以成为股东的。股东的管理能力一般很强，但其继承人不一定是优秀的管理者。因此，公司章程可以规定股东的继承人不能继承股权，以保证公司可以良好地运营。

2009年，该房地产公司删除了公司章程中"继承人可以继承股东资格"的条款。2015年，公司章程写明，股东死亡后，其股权由其他股东受让，或者由公司进行回购，以此排除股东资格的继承。

由于该房地产公司的公司章程排除了股东资格的继承，所以最后最高人民法院没有支持周小姐的诉讼请求。最终，该房地产公司把当年周先生出资的2100万元返还给了周小姐，并支付了相应的投资回报。周小姐失去了这只可以持续"下金蛋的鸡"。

通过上述分析，我们可以知道，有些特殊且复杂的财产在继承上是有限制的，比如股权。有时，即使是独生子女，也可能无法继承股权，成为公司的股东，持续获得公司发展带来的回报。

专家建议

一般情况下，只有公司章程排除或限制新股东加入，股东的继承人才无法继承股东资格。在案例五中，公司章程规定，股东死亡后，其股权应由其他股东受让，或者由公司进行回购。因此，如果周先生计划让女儿接自己的班，可以在自己有话语权的时候提前转让小部分股权给她。这样，周小姐就可以成为公司的合法股东。这种安排不仅可以使周小姐更深入地熟悉公司的业务，未来也可以使她顺利获得周先生的剩余股权。

💡 启示金句

特殊且复杂的财产更需专业规划。

——张含律师

第三讲

再婚家庭难念经，婚外生子更伤情
——复杂家庭的财富传承风险

随着离婚率的上升，再婚已经成为社会中的常见现象。再婚意味着组建一个新家庭，继父母和继子女之间的关系使重组家庭的关系比普通家庭更复杂。家庭关系变得更复杂，也会为财富传承带来更大的麻烦。此外，社会中可能还存在婚外生子的情况，这同样会对财富传承造成一定的影响。

接下来，我们分析一下复杂家庭的财富传承风险。

案例六：重组家庭继承难，新继承人突然出现为哪般

董女士是北京人，成长于一个重组家庭。在董女士七八岁的时候，她的母亲董母和孙先生再婚了。他们三口人在新家庭中相处得很好。后来，董母和孙先生携手走过了几十年风风雨雨，始终恩爱和睦，还攒下了两套房子。

董母和孙先生没有再生孩子，两人一起将董女士抚养长大。孙先生对董女士视如己出，每次开家长会，他都主动去参加。董女士

结婚生子之后，孙先生还帮着带孩子。外人根本看不出这是一个重组家庭。晚年，孙先生生了重病，瘫痪在床很多年，董女士不分昼夜、不辞辛劳地照顾他。虽然董女士尽心尽力，但孙先生最后还是因病去世了。

在孙先生去世之后，董女士和董母还没有从悲痛中走出来，孙先生的两个儿子突然出现，提出要分孙先生的遗产。原来，孙先生在和董母结婚之前，也有过一段婚姻，并与前妻生了两个儿子。在和孙先生离婚之后，前妻带着两个儿子在老家生活，多年来一直没有联系过孙先生。孙先生没有给过两个儿子抚养费，而在孙先生晚年缠绵病榻之时，两个儿子也没有尽到赡养的义务。他们从来没有看望过孙先生，甚至连一个电话也没有打过，如今，他们却突然出现，提出要分孙先生的遗产。无论是感情上还是利益上，董女士和董母都无法接受。于是，他们闹上了法庭。

专业分析

由于孙先生在离世之前没有做任何财富传承安排，因此其遗产要按照法定继承来处理。孙先生和董母辛苦攒下的两套房子是夫妻共同财产，所以在孙先生去世之后，董母先分得 1/2 的财产，剩下的 1/2 是孙先生的遗产。根据法律的规定，第一顺序继承人为配偶、子女、父母。董女士是孙先生的继女，与孙先生没有血缘关系，那么董女士能否继承孙先生的遗产呢？我们来看一下《民法典》的相关规定。

第一千一百二十七条　遗产按照下列顺序继承：

（一）第一顺序：配偶、子女、父母；

（二）第二顺序：兄弟姐妹、祖父母、外祖父母。

继承开始后，由第一顺序继承人继承，第二顺序继承人不继承；没有第一顺序继承人继承的，由第二顺序继承人继承。

本编所称子女，包括婚生子女、非婚生子女、养子女和有扶养关系的继子女。

本编所称父母，包括生父母、养父母和有扶养关系的继父母。

本编所称兄弟姐妹，包括同父母的兄弟姐妹、同父异母或者同母异父的兄弟姐妹、养兄弟姐妹、有扶养关系的继兄弟姐妹。

根据上述法条的规定，我们可以知道，有扶养关系的继子女可以继承继父母的遗产。因此，董女士能否继承孙先生的遗产，关键在于她和孙先生是否有扶养关系。

扶养的含义有广义和狭义之分。广义上的扶养指的是，特定亲属之间一方基于身份关系，对无生活能力的另一方在物质上和生活上的帮助和照料，包括同辈之间的扶养、长辈对晚辈的抚养，以及晚辈对长辈的赡养，是赡养、扶养、抚养的通称。狭义上的扶养指的是，夫妻之间依法发生的经济供养和生活帮助的权利义务关系。

董女士在很小的时候就和孙先生生活在一起。孙先生视董女士为亲生女儿，与董母一起将其抚养长大，并为其提供了经济上的帮助。董女士对孙先生也十分孝顺，积极承担了赡养义务。因此，我们可以认定董女士和孙先生之间存在扶养关系，所以董女士可以继承孙先生的遗产。

相比之下，虽然董母和孙先生的两个儿子也存在继父母和继子女的法律关系，但董母并没有抚养过孙先生的两个儿子，与他们没有经济往来和情感交流，而且孙先生的两个儿子也没有赡养过董母，因此，他们之间没有形成扶养关系。若干年后，如果董母去世，那么孙先生的两个儿子没有权利继承董母的遗产。

孙先生和两个儿子几十年没有往来，而且孙先生对两个儿子没有尽到抚养的义务，两个儿子也没有赡养过孙先生。这是不是意味着他们已经断绝了父子关系，孙先生的两个儿子无法继承他的遗产？我们来看一下《民法典》的相关规定。

第一千零八十四条　父母与子女间的关系，不因父母离婚而消除。离婚后，子女无论由父或者母直接抚养，仍是父母双方的子女。

离婚后，父母对于子女仍有抚养、教育、保护的权利和义务。

离婚后，不满两周岁的子女，以由母亲直接抚养为原则。已满两周岁的子女，父母双方对抚养问题协议不成的，由人民法院根据双方的具体情况，按照最有利于未成年子女的原则判决。子女已满八周岁的，应当尊重其真实意愿。

第一千一百一十一条　自收养关系成立之日起，养父母与养子女间的权利义务关系，适用本法关于父母子女关系的规定；养子女与养父母的近亲属间的权利义务关系，适用本法关于子女与父母的近亲属关系的规定。

养子女与生父母以及其他近亲属间的权利义务关系，因收养关系的成立而消除。

根据上述法条的规定，我们可以知道，除被收养外，子女无法断绝和生父母的关系。因此，虽然孙先生和他的两个儿子在履行各自的义务方面有一些缺憾，但他们依旧是父子，有相互继承遗产的权利。

通过上述分析，我们可以知道，孙先生的第一顺序继承人包括董母、董女士，以及孙先生和前妻所生的两个儿子。因此，孙先生的遗产要平均分成 4 份，每位继承人获得 1/8 的财产。最终，董母共获得 1/2+1/8=5/8 的财产，董女士和孙先生的两个儿子每人各获得 1/8 的财产。

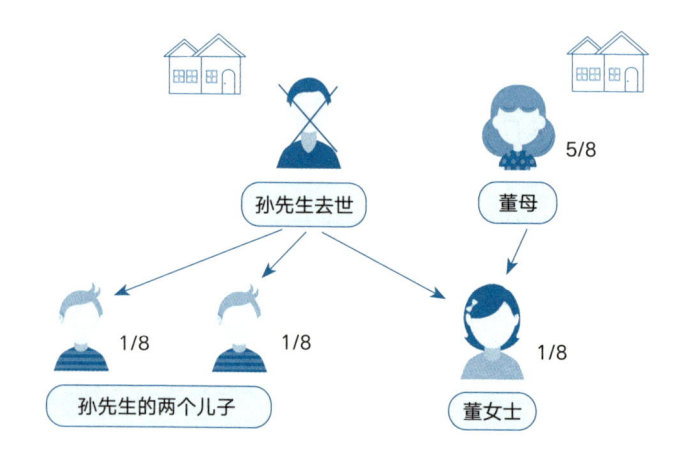

然而，董女士无法接受这样的分配结果。她认为，是自己为孙

先生养老送终的，而孙先生的两个儿子没有尽到任何赡养义务，所以他们不应该和自己继承同等份额的遗产。最后，法院进行了调解，减少了孙先生的两个儿子继承遗产的份额。孙先生的两个儿子也接受了法院的调解，最后每人各分到了 1/10 的财产，总计分到了 1/5 的财产。不过，北京的房产价值巨大，1/5 的房产可能高达几百万元。所以，要分割几百万元给"从来没见过面的外人"，董女士和董母内心还是难以接受。

专家建议

相比于普通家庭，重组家庭的财富传承更加复杂、麻烦。

根据法定继承的规定，有扶养关系的继子女和亲生子女分得的遗产份额是一样的。有的人觉得，亲生子女毕竟是亲生的，应该分得更多遗产；有的人觉得，如果继子女和亲生子女一样孝顺，可以分得一样多的遗产。总之，对于复杂的重组家庭，一定要提前做好财富传承规划，免得身后子女们因为争夺遗产而纷争不断。

在案例六中，孙先生可以订立遗嘱，明确各个继承人所分得的遗产份额。这不仅可以体现遗嘱人的意愿，还可以减少继承过程中可能出现的纠纷。当然，孙先生也可以通过保险和信托来传承财富，进而实现无争议的传承。

启示金句

经济越发达,婚姻越自由,越要提前规划好财富,莫让自由伤人又伤财。

——张含律师

案例七:婚外生子继承难,木已成舟早规划

陈先生已经结婚多年,和陈太太生下了儿子小陈,但夫妻二人感情一般。有一次,陈先生在酒后和自己的同事兼朋友黄女士发生了关系。不久,黄女士发现自己怀孕了。黄女士坚持回老家把孩子小黄生了下来,并把孩子的户口落在了老家。陈先生对此感到很头痛,但也无法阻止黄女士,只能向陈太太隐瞒。

天有不测风云。在小黄出生后不久,陈先生发生车祸意外去世了。黄女士在得知陈先生意外去世之后,极为崩溃。思忖再三,她抱着孩子找到陈先生的家人,提出要继承陈先生的遗产。面对突然冒出来的黄女士,陈先生的家人自然不同意她的要求。于是,黄女士把陈先生的家人告上了法庭。

专业分析

小黄是黄女士和陈先生在婚外生下的孩子,他可以继承陈先生的遗产吗?我们来看一下《民法典》的相关规定。

第一千零七十一条 非婚生子女享有与婚生子女同等的权利，任何组织或者个人不得加以危害和歧视。

不直接抚养非婚生子女的生父或者生母，应当负担未成年子女或者不能独立生活的成年子女的抚养费。

根据上述法条的规定，我们可以知道，非婚生子女和婚生子女享有同等的权利。此外，《民法典》第一千一百二十七条规定，遗产的第一顺序继承人有配偶、子女、父母，子女包括婚生子女、非婚生子女、养子女和有扶养关系的继子女。因此，非婚生子女和婚生子女一样可以继承父母的遗产，而且在法定继承中分到的份额是相同的。所以从理论上来说，小黄完全可以继承陈先生的遗产。

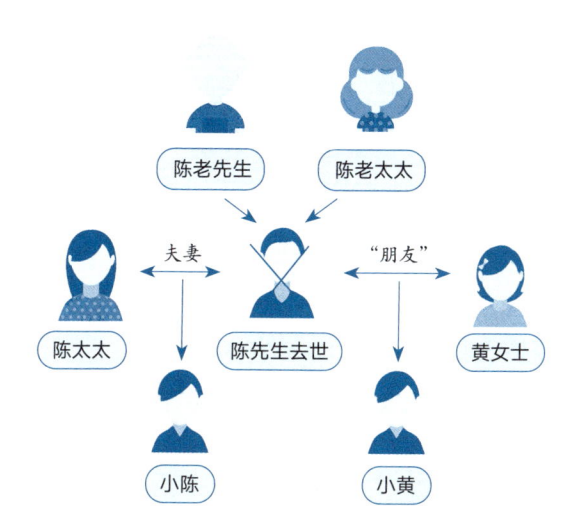

```
                陈老先生      陈老太太
                    \          /
                     ↓        ↓
    陈太太  ←—夫妻—→  陈先生去世  ←—"朋友"—→  黄女士
              ↓                    ↓
             小陈                  小黄
```

但实际情况没有这么简单。非婚生子女在继承遗产时要进行身份认定，也就是说，黄女士要证明小黄是陈先生的儿子。这通常是非婚生子女在继承遗产时遇到的最大的困难,因为在很多情况下,非婚生子女很难认定自己的身份。

小黄进行身份认定最有效的方式,是和陈先生做亲子鉴定。但陈先生已经去世了,而在陈先生去世之前,小黄和陈先生并没有做亲子鉴定。当然,在亲生父亲去世之后,也可以做亲子鉴定,只不过难度非常大。在现实生活中,除了与亲生父亲做亲子鉴定,非婚生子女还有以下三种认定身份的方法。

(1)与亲生父亲的父母做亲子鉴定。由于子女的全部遗传信息来自父母,所以非婚生子女可以与他亲生父亲的父母做亲子鉴定,以证明自己与父亲存在亲子关系。但这种方法需要亲生父亲的父母同时在世,并且两人都要同意做亲子鉴定。如果只有一人在世或同意,遗传信息会不完整,那就无法确定存在亲子关系。

(2)与亲生父亲的婚生子女做亲缘鉴定。但前提是,婚生子女愿意配合。然而,由于婚生子女和非婚生子女之间可能存在利益冲突,比如在遗产继承方面,所以大部分婚生子女可能不愿意配合。而且从法律上讲,婚生子女也没有义务配合。此外,即使婚生子女愿意配合,由于兄弟姐妹之间的亲缘鉴定结果的准确性和法律认可度较低,法院也可能不会采信鉴定结果。

(3)如果非婚生子女是男孩,那么还可以与亲生父亲家族中的男性进行Y染色体检验。但这种方法只能证明他们是同一父系,并不能证明非婚生子女是已故父亲的孩子。

在本案例中,虽然陈先生已经去世了,但陈先生的父母还在世,所以黄女士提出了做隔代亲子鉴定的请求。但是,陈先生的父母、小陈，以及陈太太都坚决反对。最后，法院综合考量，驳回了黄女士的请求。

在司法实践中，除了可以做亲子鉴定，还可以通过亲子关系推定来证明非婚生子女的身份。但是，非婚生子女需要提供能够合理推测亲子关系存在的必要证据。以下证据可以作为推测存在亲子关系的依据。

（1）长期同居的证明。比如，同居的照片、视频或监控，相关聊天记录或租房合同。

（2）发生过关系的证明。

（3）其他证据。如果既没有同居，也没有保留发生关系的证明，还可以提供其他证据。比如，孩子的出生证明上写明了亲生父亲是谁，亲生父亲曾经在某些场合承认过和孩子的关系，或者亲生父亲承诺在孩子出生后支付抚养费，等等。

上述证据需要综合起来，形成完整的证据链，以证明存在亲子关系。由于黄女士与陈先生偶然发生关系生下了小黄，两人并没有同居，而且小黄是在黄女士老家的医院出生的，出生证明上也没有写明父亲是陈先生，所以，即使黄女士向法院提供了自己与陈先生的相关聊天记录、酒店的监控，也只能证明他们发生过关系，并不能认定小黄就是陈先生的儿子。最终，黄女士因为无法证明小黄的身份，导致小黄无法继承陈先生的遗产。

专家建议

《民法典》第一千零四十三条规定，夫妻应当互相忠实，互相尊重，互相关爱。夫妻应恪守法律和道德，不做出格的事情。婚外情不仅会伤害自己与家人的感情，还会给财富传承带来额外的麻烦。但如果木已成舟，一定要做好善后工作，提前做好财富传承的安排，不要让下一代人为自己的错误买单。

无论是婚生子女还是非婚生子女，都有要求父母抚养的权利。因此，我们要妥善处理非婚生子女的抚养问题。此外，我们还要考虑是否在财富传承中做特别的约定，比如是否将遗产分配给非婚生子女，非婚生子女和婚生子女获得的遗产份额是否相等。如果我们不想平均分配遗产，则要提前做好财富传承规划，可以使用遗嘱、保险和信托等工具。

但是，无论我们想给非婚生子女多少遗产，都要先确认非婚生子女的身份，而最有效的方式是做亲子鉴定。因此，我们要尽早进行身份认定，免得突发意外而无法确定亲子关系，导致非婚生子女无法继承遗产。当然，如果被继承人已经身故且生前没有做亲子鉴定，而婚生子女不想给非婚生子女遗产，也可以不配合非婚生子女认定身份。

启示金句

如果木已成舟，就请做好善后工作。

——张含律师

第四讲

什么？办继承手续，还得证明我妈是我妈？
——财富传承中的继承公证难关

许多人忌讳谈论死亡，觉得死亡是一件很晦气的事情。正因如此，很多人没有提前进行财富规划，结果导致子女继承遗产时困难重重。

遗产继承的第一道难关是继承公证。父母在离世之后可能会留下房产、汽车和存款等遗产。然而，子女不能凭借父母的死亡证明、居民户口簿直接把房产、汽车过户到自己的名下，或直接把存款取出来，而要先去公证机构办理继承公证，之后才能拿着公证书去各个机构办理过户手续。在办理继承公证的过程中，继承人可能会遇到一些意想不到的麻烦。有时候，继承人甚至会被要求提供一些奇葩的证明，比如"证明我妈是我妈"。

接下来，我们通过案例具体讲述一下继承手续带来的麻烦。

案例八：独生子女继承难，继承公证闯天关

家住北京的李先生，最近因为办理房产继承手续而忙得焦头烂

额。他为此跑了两个多月，根本顾不上其他事情。

前不久，李先生的父亲过世了。老人的名下有一套房子，是一套位于海淀区的50平方米的普通住宅，属于房改房类型。父亲过世后，李先生要继承房产，需要办理继承公证。李先生是独生子，他原以为办理继承公证会很容易，结果到公证机构一打听，发现这份薄薄的公证文书可不是简简单单就能拿到的。

首先，李先生需要提供爷爷的死亡证明，以及爷爷和奶奶的婚姻证明。对于爷爷的死亡证明，到派出所开具即可，但爷爷和奶奶的婚姻证明属于年代久远的注册文件，早已不在民政局。李先生又跑到档案局查找，幸好当时的文件保存完好，他顺利地拿到了爷爷和奶奶的婚姻证明。

其次，由于李先生的奶奶曾经再婚，因此，他还需要提供奶奶和继爷爷的结婚证明、继爷爷的死亡证明，而且还要证明他的继爷爷没有抚养过他的父亲。这样，他才能证明继爷爷及其亲生子女对这套房子没有继承权。于是，李先生又开始新一轮的奔波。万幸的是，这些文件都有明确的开具机构，李先生只需要跑跑腿，就成功拿到了文件。

再次，就在李先生觉得大功告成时，公证人员告诉他，他还需要奶奶表明放弃继承权。这也不是一件简单的事情。首先，神经内科医生要确认李先生的奶奶是否为精神健全、具有行为能力的人；其次，公证人员会单独询问李先生的奶奶一系列问题，李先生的奶奶要明确、清晰地回答所有问题，才能通过这一关。

最后，李先生还需要提供身份证、独生子女证、父母的结婚

第四讲 什么？办继承手续，还得证明我妈是我妈？

证、父亲的死亡证明、房产证等相关证件。只要一个环节出现问题，继承公证就无法办理。由于年代久远，有些档案查找起来很费力，李先生往往要跑好多趟才能查到一个档案。好在李先生从小生长在北京，他的父母、爷爷、奶奶都是北京人。因此，虽然这些材料很难查找，但是李先生用了两个多月终于凑齐了。如果李先生生长在其他城市，或后来又搬到别的城市，凑齐这些材料就更困难了。

李先生继承父亲房产的公证事项

- 爷爷的死亡证明
- 爷爷和奶奶的婚姻证明
- 奶奶和继爷爷的婚姻证明
- 继爷爷的死亡证明
- 继爷爷没有抚养父亲的证明
- 奶奶放弃继承权的证明
- 身份证、独生子女证、父母的结婚证、父亲的死亡证明、房产证等相关证件

专业分析

人在去世之后，可能会留下房产、汽车、存款等各种各样的遗

产。继承人需要到不动产登记服务中心、车管所、银行等相关机构把遗产过户到自己的名下。一般情况下，继承人要先去公证机构办理继承公证，然后才能拿着公证书去过户遗产。

所谓的继承公证，是公证机构根据法定继承权、遗嘱继承权和协议继承权等国家法律所承认的继承权，对有权继承死者生前财产的人进行身份确认、材料核实等一系列工作后作出的公证，以此来证明继承人有合法的继承权。

虽然我国现行法律并没有对继承公证作出强制性的规定，但因为公证书的证明效力高，公证机构在办理继承公证方面有更强的专业优势及人才优势，所以相关部门，比如不动产登记服务中心、银行等，都会要求当事人去办理继承公证，以减少法律风险，避免纠纷。

办理继承公证需要提交很多材料，这也是李先生如此大费周折的原因。公证机构的官网上写明了办理继承公证需要提交以下材料。

（1）被继承人的死亡证明。被继承人去世之后，医院会开具死亡证明，派出所也会开具户籍注销证明。所以，被继承人的死亡证明很容易获取。

（2）被继承人留下的遗产证明。在办理继承公证时，继承人需要提供相应遗产的凭证。比如，房产证、机动车登记证、存折、银行卡、股票或基金账户等。

（3）继承人的身份证、居民户口簿。在办理继承公证时，继承人需要提供材料以证明自己的身份。

（4）申办遗嘱继承要提供遗嘱。即使继承人有遗嘱，也不能拿着遗嘱直接将遗产过户到自己的名下，同样需要办理继承公证。也就是说，虽然遗嘱可以实现遗嘱人的传承意愿，但继承人不能不办理继承公证。我们来看一下《民法典》的相关规定。

第一千一百四十二条　遗嘱人可以撤回、变更自己所立的遗嘱。

立遗嘱后，遗嘱人实施与遗嘱内容相反的民事法律行为的，视为对遗嘱相关内容的撤回。

立有数份遗嘱，内容相抵触的，以最后的遗嘱为准。

第一千一百四十三条　无民事行为能力人或者限制民事行为能力人所立的遗嘱无效。

遗嘱必须表示遗嘱人的真实意思，受欺诈、胁迫所立的遗嘱无效。

伪造的遗嘱无效。

遗嘱被篡改的，篡改的内容无效。

根据上述法条的规定，我们可以知道，最后一份遗嘱，即距离被继承人死亡时间最近的遗嘱生效，而受欺诈、胁迫所立的遗嘱，伪造的遗嘱，以及遗嘱中被篡改的内容是无效的。现实中，因为不动产登记服务中心、车管所、银行等机构无法判断遗嘱的真伪，所以继承人不能凭借遗嘱直接办理过户手续。即使遗嘱是经过公证的，继承人也不可以凭其直接办理过户手续，因为相关机构无法判断这是否为最后一份公证遗嘱。

（5）根据具体情况，可能还要补充亲属关系证明、婚姻证明等材料。这样做的目的是确保不遗漏同一顺序的所有继承人。

第一顺序继承人包括配偶、子女、父母。因此，即使是继承上一代人的遗产，也必须持有上两代相关亲人的各类公证文件，这样公证机构才能进行公证。也就是说，子女若要继承父母的遗产，不仅需要提交父母的相关材料，还要提交爷爷、奶奶、外公、外婆的相关材料。而爷爷、奶奶、外公、外婆的相关材料往往年代更加久远，搜集起来非常有难度。

继承公证所需的材料众多，最大限度地保证了财产安全，但凑齐这些材料一般要几个月的时间，甚至更久。所以，很多办理继承公证的人虽然表示理解，但对这个严格且颇为烦琐的流程仍旧望而生畏。

在本案例中，李先生的奶奶曾经再婚，所以他还要提供奶奶和继爷爷的结婚证明、继爷爷的死亡证明，并证明他的继爷爷和他的父亲没有扶养关系，否则继爷爷的子女也能继承这套房子。而这就需要他的继爷爷的子女配合办理手续。如果他们不配合，这项手续就办不了，李先生就无法过户这套房子。在现实生活中，李先生和继爷爷的子女可能很多年没有联系，这为办理继承公证增加了不小的难度。

李先生是独生子，所以其家庭情况还比较简单。如果家庭情况再复杂一些，涉及代位继承、转继承，或者年代再久远一些，相关

第四讲　什么？办继承手续，还得证明我妈是我妈？

材料无法获取，办理继承公证则会更加麻烦。因此，我们要提前做好财富传承规划，尽量避开继承公证，以简化财富传承的手续。

如果继承人出于某些原因真的凑不齐公证材料，是不是就无法继承遗产了呢？当然不是。如果继承人无法办理继承公证，或者继承人们不配合、无法达成一致意见，则可以去法院起诉，法院会调查取证。所以，继承人也可以通过生效的法院判决书把遗产过户到自己的名下，不过这个过程可能更加耗时、耗力。

专家建议

传统的继承方式不仅手续繁杂，时间成本较大，还可能伤害亲人的感情。因此，我们应该提前做好安排，让子女能够快速、简单地拿到遗产。具体的方法，我们将在本书下篇阐述。

如果有些遗产的继承实在无法绕过继承公证，我们可以提前准备材料，比如身份证明、关系证明、其他亲属证明等。在搜集证明或证件类材料时，我们可以将其拍照留档、打印成册，然后统一保管，这样在办理继承公证时就不会茫然无措。此外，我们还要与亲人保持必要的联系，一方面可以维系感情，另一方面可以方便获取证明材料。这样在我们有需要时，他们也更愿意配合我们出具证明材料。

> 💡 **启示金句**

在财富传承中，除了要考虑意愿，还要考虑便捷。

——张含律师

案例九：继承手续莫拖延，代价昂贵难承受

张阿姨退休在家，过着含饴弄孙的闲适生活。她现在住的房子是当年张先生单位分的，在张先生的名下。虽然张先生已经去世 10 年了，但张阿姨觉得，房子过不过户对自己的生活没有影响，所以就一直没有办理过户手续。

转眼之间，张阿姨的孙子到了上小学的年纪，需要用这套房子的"学位"。所以，张阿姨不得不把孙子的户口迁到这套房子里。张阿姨本以为这是一件很简单的事，直接去派出所户籍科办理就可以了。但是，张阿姨去了之后被告知，由于这套房子在张先生的名下，所以她需要先去不动产登记服务中心办理过户手续。张阿姨去了不动产登记服务中心后，工作人员告诉她，她要先办理继承公证，之后才能办理过户手续。面对非常烦琐的继承手续，张阿姨傻眼了。

由于张先生在去世前没有对财产做任何安排，因此其遗产要按照法定继承处理。这套房子是张先生婚后单位分的，属于夫妻共同财产，所以张阿姨要先分走一半，剩下的一半是张先生的遗产。张先生去世时，他的父亲已经过世了，但他的母亲还在世。所以，彼时张先生的

第四讲　什么？办继承手续，还得证明我妈是我妈？

第一顺序继承人有三个：张先生的母亲、张阿姨和张先生的儿子。但是，因为张阿姨住在房子里，所以一家人一直没有办理继承手续。

同一顺序的所有继承人同时到场才能办理继承公证。不过，只要张先生的母亲同意放弃继承遗产，张阿姨和儿子两人就可以办理继承公证。不巧的是，张先生的母亲在5年前去世了，这意味着她继承的遗产也发生了一次继承。张先生有一个哥哥和两个妹妹，他们也有权继承房产。因此，如今要办理继承公证，张阿姨需要找到张先生的哥哥和妹妹们，说服他们放弃继承。但是，自从张先生去世之后，张阿姨就没有和他们再联系过。10年过去了，彼此的感情早已生疏，张阿姨担心，万一他们不同意放弃继承，非要分房子怎么办？

张阿姨没有办法，只好硬着头皮去联系张先生的哥哥和妹妹们。让张阿姨更加崩溃的是，张先生的哥哥在半年前也去世了，他从母亲那里继承的遗产又发生了一次继承。张先生的哥哥生前也没有做遗嘱等安排，他的第一顺序继承人包括他的配偶和子女，所以张阿姨需要张先生的嫂子及其子女配合。但张先生的嫂子及其子女已经搬到外地。张阿姨要找到他们，并说服他们放弃继承房子。如果他们中有任何一个人不配合，张阿姨就无法办理继承公证，只能到法院起诉。如果他们同意配合，张阿姨还要请他们帮忙凑齐各种各样的材料。

张阿姨花费了大量的时间和精力，终于成功把房子过户到自己的名下，并最终把孙子的户口迁进去，让孙子得以顺利上学。这个过程中的辛苦，恐怕只有张阿姨自己知道了。

家族财富传承：实务案例与解决方案

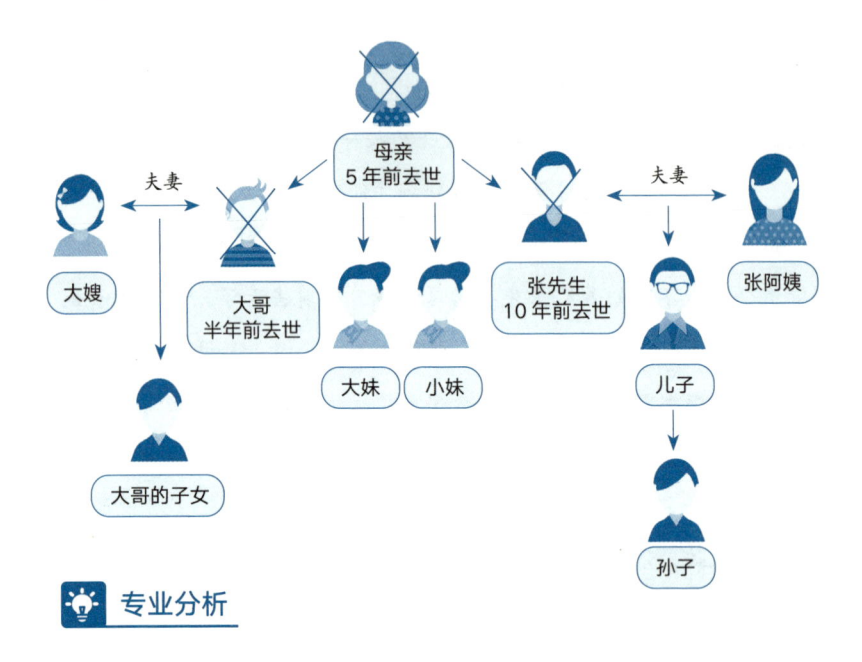

```
                    母亲
                  5年前去世
      夫妻    ↙    ↓   ↓    ↘    夫妻
  大嫂 ←→  大哥    大妹 小妹   张先生  ←→ 张阿姨
          半年前去世              10年前去世
              ↓                      ↓
          大哥的子女                  儿子
                                     ↓
                                     孙子
```

💡 **专业分析**

2016 年 7 月 5 日，我国司法部发布了《关于废止〈司法部、建设部关于房产登记管理中加强公证的联合通知〉的通知》。在此之前，继承人若要办理房产过户，必须先办理继承公证。但如今，继承人在办理房产过户之前，既可以选择办理继承公证，也可以选择不办理继承公证。

但是，即便继承人选择不办理继承公证，不动产登记服务中心依旧会审查继承人的所有材料，之后才能办理房产过户。我们来看一下《不动产登记暂行条例实施细则》的相关规定。

第十四条　因继承、受遗赠取得不动产，当事人申请登记的，应当提交死亡证明材料、遗嘱或者全部法定继承人关于不动产分配的协议以及与被继承人的亲属关系材料等,也可以提交经公证的材料或者生效的法律文书。

根据上述规定,我们可以知道,虽然继承房产环节不再强制办理继承公证,但办理房产继承的手续并没有简化。也就是说,在不动产登记服务中心自行审查时,继承人仍然需要提供相应材料,且这些材料和办理继承公证时需要提交的材料基本一样。只不过,继承人直接去不动产登记服务中心提供材料即可,不需要交纳公证费用。然而,通常不动产登记服务中心的工作是很繁重的,就房地产交易活跃的城市而言,更是如此。这意味着,不动产登记服务中心没有时间和精力审查所有材料,大多数时候还是会要求继承人去办理继承公证,再凭借公证书办理房产过户。

这个案例提示我们,被继承人去世之后,继承人应尽快办理继承手续。因为拖得越久,可能发生的变故就越多。如果张先生去世后,张阿姨尽快办理继承手续,彼时张先生的母亲还在世,这样的话,只要张先生的母亲同意放弃继承,张阿姨就不用像后来那样麻烦张先生的哥哥和妹妹们,甚至请张先生的嫂子及其子女来配合。所以,我们一定要提前做好规划。

此外,在现实生活中,如果继承人遇到像张阿姨家这样复杂的情况,其家人们是很难达成一致意见的。有人可能不愿意配合,或者不愿意放弃继承,往往会要求继承人提供一定的经济补偿。如果他们对补偿金额无法达成一致意见,最后可能会对簿公堂,进而耗时几年才能解决。财产问题还是小事,总会有解决方案,但如果因为没有及时办理房产过户，耽误了孩子上学，那就是大事了。

专家建议

通过案例九，我们可以体会到，办理继承公证不是一件容易的事情。为了避免种种麻烦，我们最好将传承安排尽早提上日程。如果传承的是房产，我们可以做好以下准备。首先，提前准备好亲属关系证明、身份证明和财产清单。我们最好在被继承人在世的时候把这些材料准备齐全，防止被继承人突然离世导致材料收集困难。其次，在被继承人死亡之后尽快办理继承手续。在本案例中，如果张阿姨在张先生离世之后尽快办理继承手续，就不会有后面那么多麻烦了。最后，房产比较适合用遗嘱来进行传承。如果张先生在离世之前订立遗嘱，并在遗嘱中写明房产只归张阿姨和儿子所有，就能避免麻烦了。

在现实生活中，除了房产，我们往往还有现金类资产要传承。保险和家族信托是很好的传承现金类资产的工具。我们通过保险和家族信托明确指定受益人之后，受益人领取保险金和信托收益不需要办理继承公证，保证财富传承按照我们的意愿进行。

启示金句

时间就是金钱，效率就是生命。在创业时如此，在传承时亦如此。

——张含律师

第五讲

天啊,我打下的江山,无关人员还能分?
——法定继承可能导致的财富外流

我们都知道,根据《民法典》的规定,遗产的第一顺序继承人是配偶、子女、父母。但在实际生活中,分到我们遗产的人很可能是我们根本意想不到的人,他们分到的遗产份额也很可能远远超出我们的想象。

接下来,我们通过三个案例来具体分析一下。

案例十:突然冒出的前妻能分遗产吗

李先生有一个哥哥和一个妹妹,兄妹三人感情很好。李先生的母亲身体不太好,早在2008年就去世了。和很多家庭一样,在母亲去世后,李先生家并没有立刻分遗产,毕竟父亲还在世,分遗产可能会伤感情。这也是人之常情。

2018年,李先生的父亲也去世了。李先生与哥哥、妹妹商量,清点一下父母的遗产,把遗产分了。兄妹三人的感情一向深厚,所以对于遗产的分割没有任何争议,打算平分遗产。但他们在办理继承手续时，出现了一点问题。

2015 年，李先生与胡女士离了婚。由于李先生家在李先生的母亲去世时未进行继承析产，所以李先生和胡女士的离婚协议只对如何分割当时两人手头上的财产进行了约定，没有其他补充约定或兜底条款。如今，胡女士听说李先生兄妹三人要分割遗产后，主张李先生从他母亲那里继承的遗产为夫妻共同财产，要分给她一半。那么，胡女士能够分得遗产吗？

专业分析

2008 年，在李先生的母亲去世时，虽然家人没有分割遗产，但已经发生了一次继承。由于李先生的母亲生前没有做财富传承安排，所以其遗产要按照法定继承来处理。具体来说，在李先生的母亲去世之后，李先生的父亲先分得 1/2 的财产，剩下的 1/2 是李先生母亲的遗产。李先生母亲的第一顺序继承人包括李先生的父亲，以及李先生兄妹三人。因此，李先生母亲的遗产要平均分成 4 份，每位继承人可以获得 1/8 的财产。最终，李先生的父亲一共可以获得 1/2+1/8=5/8 的财产，李先生兄妹三人每人可以获得 1/8 的财产。

我们在第一讲中提到过，在没有遗嘱确定遗产只归夫妻一方的情况下，夫妻在婚姻关系存续期间所继承的遗产属于夫妻共同财产。在李先生的母亲去世时，李先生和胡女士还没有离婚，因此李先生继承的 1/8 的财产是夫妻共同财产。后来，李先生与胡女士协议离婚时，并未对这部分财产做特别的约定。所以从理论上来说，

第五讲 天啊，我打下的江山，无关人员还能分？

胡女士可以得到 1/16 的财产。

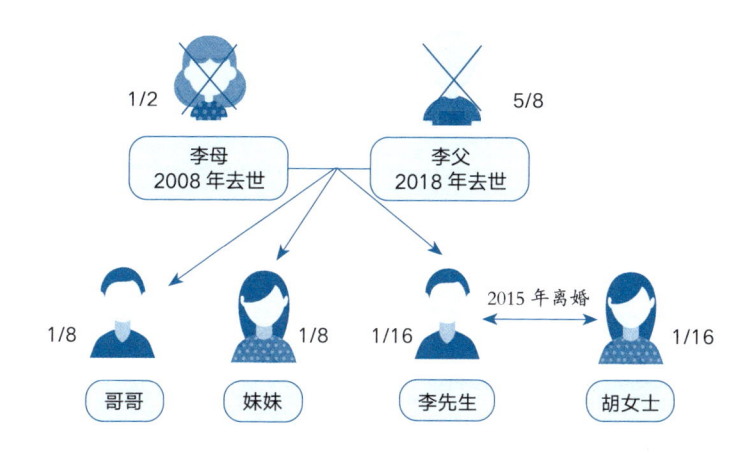

```
          李母              李父
       2008年去世         2018年去世
         1/2                5/8

    哥哥      妹妹      李先生  ←2015年离婚→  胡女士
    1/8       1/8       1/16                  1/16
```

但在实践中，关于配偶对继承权的参与度有一些争议。在本案例中，李先生可以选择放弃继承母亲的遗产，让哥哥、妹妹以其他方式补偿给他应继承的份额。这样，李先生既可以"继承"遗产，也不必分给胡女士。但这种方法存在一定的风险，因为李先生并不是真实放弃了遗产继承权，而是为了不分财产给胡女士作出了虚假的意思表示。虽然李先生作出放弃继承权的意思表示不需要配偶同意，但这种虚假的意思表示可能会被胡女士举证推翻。

由于李先生与胡女士是协议离婚的，如果李先生想继承母亲的遗产，有些公证机构会在继承公证环节要求胡女士来配合，而有些公证机构则不会这样要求，具体取决于公证机构的办事流程。所以，胡女士可以借由"配合"来要求分割遗产。

总之，这种"先继承，后离婚"的情况，会使遗产分割变得更加复杂，不仅增加了需要更多人配合的风险，还增加了离婚后重新分割婚内继承的遗产的风险。在实践中，一些家庭会选择协商的方式，给之前的配偶一部分财产以尽快了事。

💡 专家建议

继承是对一个人生命中的关系进行系统梳理的过程，不能遗漏每一个利益相关人。这不仅为继承增加了很大的不确定性，还给继承人带来了无数的烦恼。因此，一方面，我们要尽早进行系统的财富传承规划，比如订立遗嘱，免得"无关人员"觊觎财产；另一方面，我们要在被继承人身故后尽快办理继承手续，免得家庭情况发生变化，牵扯更多意想不到的人参与继承。

💡 启示金句

财富传承规划的第一要务是确定性。

——张含律师

案例十一：侄子竟然也能分遗产

黄爷爷在上海有一座祖传的小别墅，他和老伴张奶奶一直住在里面。黄爷爷和张奶奶感情恩爱，结婚几十年，虽然未生育子女，但一直相濡以沫，过着幸福的生活。然而，在不久前，张奶奶被诊断为癌症晚期，很快就离开了人世。黄爷爷非常伤心，不愿意继续住在小别墅里。他想卖掉小别墅,买一套"电梯房",然后用剩下的钱请专门的护理人员来照顾自己。

但小别墅并非黄爷爷自己的财产,而是黄爷爷和他两个弟弟的共有财产,房产证上也写着他们三个人的名字。也就是说,黄爷爷要想卖掉小别墅,就必须得到两个弟弟的同意。然而,黄爷爷的两个弟弟已经先于他去世了,且一直没有进行继承析产。两个弟弟各有一个儿子,所以,如今黄爷爷的两个侄子已经成了小别墅的合法权利人。因此,黄爷爷要想卖掉小别墅,就需要两个侄子签字同意。

但两个侄子的态度让黄爷爷感到无比苦恼。开始时,两个侄子同意卖房,但提出要获得更多的房款,理由是"黄爷爷老了,未来花不了多少钱,而他们还年轻,需要养育下一代,而下一代也是黄家的子孙,黄爷爷应该出点力"。后来,他们的态度改变了,一直称病躲着不签字,最后干脆不同意卖房。他们的真实想法是,"黄爷爷没有子女,在他离世之后,他的遗产也是他们的,这样拖着不卖,他们反而能分到更多钱"。那么,黄爷爷的侄子们可以分得他的遗产吗?

专业分析

在本案例中,黄爷爷的侄子们可以分得他的遗产,因为《民法典》扩大了继承人的范围。我们来看一下《民法典》的相关规定。

第一千一百二十七条　遗产按照下列顺序继承：

（一）第一顺序：配偶、子女、父母；

（二）第二顺序：兄弟姐妹、祖父母、外祖父母。

继承开始后，由第一顺序继承人继承，第二顺序继承人不继承；没有第一顺序继承人继承的，由第二顺序继承人继承。

本编所称子女，包括婚生子女、非婚生子女、养子女和有扶养关系的继子女。

本编所称父母，包括生父母、养父母和有扶养关系的继父母。

本编所称兄弟姐妹，包括同父母的兄弟姐妹、同父异母或者同母异父的兄弟姐妹、养兄弟姐妹、有扶养关系的继兄弟姐妹。

第一千一百二十八条　被继承人的子女先于被继承人死亡的，由被继承人的子女的直系晚辈血亲代位继承。

被继承人的兄弟姐妹先于被继承人死亡的，由被继承人的兄弟姐妹的子女代位继承。

代位继承人一般只能继承被代位继承人有权继承的遗产份额。

根据上述法条的规定，我们可以知道，被继承人的遗产应先由其第一顺序继承人继承，如果没有第一顺序继承人，再由其第二顺序继承人继承。第二顺序继承人包括兄弟姐妹、祖父母、外祖父母。如果被继承人的兄弟姐妹先于被继承人去世，则由被继承人的兄弟姐妹的子女，即被继承人的侄子、侄女、外甥、外甥女来代位继承。

在本案例中，黄爷爷没有第一顺序继承人，第二顺序继承人也都去世了。不过，虽然黄爷爷的两个弟弟已经先于黄爷爷去世，但是他们的儿子，也就是黄爷爷的侄子们，可以作为代位继承人来继承黄爷爷的遗产。

财富传承不仅涉及遗产分割问题，还涉及家庭成员之间的关系问题。有时，后者可能比前者更加复杂。黄爷爷想卖掉小别墅来养老，但由于房产属于多方共有，需要得到所有共有者的同意才能进行交易，而侄子们的不配合使交易过程变得复杂而艰难。侄子们表面上同意卖房，实际上却采取种种手段阻挠交易，试图在黄爷爷去世后获得更多的遗产。黄爷爷已经年老，老伴又刚刚离世，此时最需要家人的支持和帮助，侄子们却为了争夺利益如此冷漠。这也提醒我们财富规划的必要性，以免自己承受财产损失和亲人无情的双重打击。

专家建议

《民法典》扩大了继承人的范围。这样做的好处是，有利于保护私人财富，保证财富在家族范围内传承，不容易被收归国有；坏处是，容易引发遗产继承纷争，对关系复杂的大家族而言，尤其如此。比如，在一些家族企业中，企业主的侄子、侄女、外甥、外甥女往往都在企业中工作。他们本来和遗产继承没有关系，但如今因为可以作为第二顺序继承人的代位继承人参与继承，就有可能产生争夺遗产的想法。可见，我们要用法律和金融工具提前做好规划，防止一些不相干的人分割我们的遗产，造成财富外流。

在案例十一中，如果黄爷爷提前进行合理的规划，在弟弟去世后尽早析产，并将房产转换成现金，用现金做理财规划以解决自己的看病和养老问题，或制定明确的遗赠扶养协议、保险规划、家族信托计划，就不用担心晚年时的医药费和养老照护问题。而且，这样做还能避免继承过程中的纠纷和矛盾，保障自己和家人的利益。

启示金句

最好不要用金钱去考验人性，因为人性有时经不起考验。

——张含律师

案例十二："假结婚"的后遗症

吴先生是一个非常重义气的人。他有一个和谐幸福的家庭，与妻子曹女士的感情非常好。吴先生与吕先生自小一起长大，兄弟情谊甚笃。吕先生也已经结婚，但与下属林女士发生了婚外情，还生了一个儿子。吕先生一直向妻子隐瞒这件事，和林女士约定定期给孩子抚养费。

为了不给吕先生造成麻烦，林女士把儿子的户口落在了自己的农村老家。但随着儿子慢慢长大，林女士希望儿子能够接受更好的教育，到城市去上学。儿子在城市上学就需要城市户口，但林女士和吕先生没有婚姻关系，所以无法给儿子办理城市户口。

第五讲　天啊，我打下的江山，无关人员还能分？

吕先生跟吴先生讲起了这件事，心中颇为苦恼。为了朋友的家庭和谐，吴先生回家和妻子曹女士进行了沟通，想帮助林女士的儿子迁户口。曹女士非常相信自己的丈夫。于是，吴先生先和曹女士"假离婚"，到民政局领了离婚证，随后又和林女士领了结婚证，并最终为林女士的儿子办理了城市户口。

虽然吴先生和曹女士领了离婚证，但他们依旧像从前一样生活在一起。吴先生原本打算在办理完林女士儿子的户口之后，就和林女士离婚，然后和曹女士复婚。然而，人生无常，吴先生还没来得及和林女士办理离婚手续，就在出差时发生车祸去世了。

吴先生去世之后，他的遗产继承成了一个难题，因为从法律上来讲，林女士才是他的配偶，而曹女士是没有继承权的。

💡 专业分析

"假离婚"是指夫妻双方虽然履行了离婚程序，但欠缺离婚的真实意图，通常是为了达到其他目的而暂时离婚，在离婚后再复婚的情况。但是，我国法律不承认"假离婚"。只要夫妻双方按照法律规定办理了离婚登记，无论出于何种原因，这种离婚行为都会被视为真实有效的。也就是说，一旦离婚登记完成，男女双方的婚姻关系即宣告解除，不再受法律保护。而且，男女双方签订的离婚协议也具有法律效力。如果后来一方反悔，法院通常不会支持其以"假离婚"为由的诉求。此外，男女双方既然已经解除了婚姻关系，原配偶就不能再作为第一顺序继承人继承遗产，除非被继承人生前有遗赠或遗赠扶养协议，愿意给原配偶一定的遗产份额。

吴先生在生前没有做任何安排，所以其遗产应按照法定继承来处理。根据《民法典》的相关规定，第一顺序继承人有配偶、子女、父母。虽然吴先生与曹女士"假离婚"，但已经办理了离婚登记，这意味着他们已经解除了婚姻关系。而吴先生与林女士领了结婚证，已经建立了婚姻关系。所以，吴先生的第一顺序继承人包括吴先生的父母、现在的合法配偶林女士、吴先生与曹女士的子女。林女士的儿子没有吴先生的遗产继承权，因为吴先生与林女士没有实际共同生活，与林女士的儿子没有形成扶养关系。然而，这个结局让曹女士无法接受。她无论如何也没想到，自己的丈夫帮助朋友，结果却使自己丧失了遗产继承权。

好在林女士因为感激吴先生帮助自己的儿子办理了城市户口，主动放弃了遗产继承权。最后，吴先生的遗产给了吴先生的父母和子女。曹女士因为要照顾子女，间接获得了一部分遗产。虽然这是比较好的结局，但曹女士的利益依然受到了损害。假设林女士不同意放弃继承，曹女士会面临更大的损害以及更多的麻烦。

专家建议

我们一定不要"假离婚"，因为这样做不仅会使人身关系受到影响，还会使财产关系受到影响。此外，我们要提前做好应急准备，因为意外无处不在，不知何时就会发生。如果案例十二中的吴先生提前订立了遗嘱，明确突发意外时的遗产继承人，就不会发生这种要依托别人的良心来获得本就属于自己家庭的财富的情况。除了遗嘱，保险和信托工具也可以发挥指定传承的功效，具体详见本书下篇内容。

这场"假离婚"风波的根源是吕先生的婚外情。婚外情是不被法律和道德认可的，我们应该予以谴责。吕先生既然已经与林女士发生了婚外情，并生下孩子，就应该承担起父亲的责任，尽到对孩子的抚养和教育义务。非婚生子女和婚生子女在法律上享有相同的权利，所以吕先生应做好合理的抚养、教育、财富传承等规划，以避免次生伤害的发生。

启示金句

在法律上，没有"假离婚"，只有真离婚。

——张含律师

第六讲

人死了还得还债？也太悲催了吧！
——财富传承中的债务问题

一个人去世之后，不光会留下财产，还可能会留下债务。留下的债务要如何处理呢？它们会跟随遗产被继承吗？我们常说，父债子还，天经地义。我们也经常在媒体上看到，丈夫去世，妻子还要替他还沉重的债务。现实真的是这样吗？

接下来，我们通过三个案例来具体分析一下。

案例十三：身后个人债务，配偶不用还

王先生的驾驶习惯不太好，喜欢开快车。在一次开车送货的途中，王先生把行人撞伤，被交警判定全责，协商之后要赔偿对方12万元。王先生不敢将此事告诉王太太，就向朋友刘先生借了12万元赔偿给伤者，王先生个人给刘先生写了借条。但习惯难改，有一次，王先生在高速上又超速行驶，结果发生了交通事故，最终不治而亡。

这件事给王先生的家庭带来了沉重的打击。王先生的家庭条件

并不好。王先生是家里唯一的经济支柱，但这些年做生意也没有赚多少钱，而王太太在家里照顾两个孩子，没有收入。王先生去世之后，刘先生找上门来，要求王太太偿还王先生之前欠他的 12 万元。但王太太根本没听说过这笔债务。王太太算了一下，家里一共只有 6 万元存款，如果都拿去偿还债务，自己和孩子们就没有办法生活了。

那么，王太太需要偿还这笔债务吗？如果需要，她要还多少呢？

专业分析

我们来看一下《民法典》的相关规定。

第一千一百五十九条　分割遗产，应当清偿被继承人依法应当缴纳的税款和债务；但是，应当为缺乏劳动能力又没有生活来源的继承人保留必要的遗产。

第一千一百六十一条　继承人以所得遗产实际价值为限清偿被继承人依法应当缴纳的税款和债务。超过遗产实际价值部分，继承人自愿偿还的不在此限。

继承人放弃继承的，对被继承人依法应当缴纳的税款和债务可以不负清偿责任。

根据上述法条的规定,我们可以知道,被继承人去世之后不仅要分割遗产,他欠的税款和债务也要偿还。但是,继承人通常只需要用得到的遗产来还债。对于超过所得遗产部分的债务,继承人如果自愿偿还,可以偿还;如果不愿偿还,则无须偿还。这在法理上叫作限定继承。此外,继承人如果放弃继承遗产,对被继承人的债务可以不负清偿责任。

在本案例中,王先生的家庭财产有 6 万元,为夫妻共同财产。王先生去世之后,王太太先分得 3 万元,剩下的 3 万元是王先生的遗产。可见,王先生的遗产明显不足以偿还所有债务。那么,除了要用 3 万元的遗产还债,王太太还用偿还剩下的 9 万元债务吗?

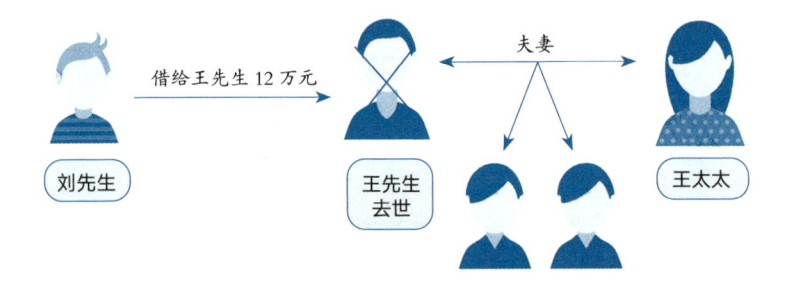

要解答这个问题,我们就要判断王先生留下的债务是个人债务还是夫妻共同债务。我们接着看《民法典》的相关规定。

第一千零六十四条　夫妻双方共同签名或者夫妻一方事后追认等共同意思表示所负的债务,以及夫妻一方在婚姻关系存续期间以个人名义为家庭日常生活需要所负的债务,属于夫妻共同债务。

夫妻一方在婚姻关系存续期间以个人名义超出家庭日常生活需

要所负的债务，不属于夫妻共同债务；但是，债权人能够证明该债务用于夫妻共同生活、共同生产经营或者基于夫妻双方共同意思表示的除外。

根据上述法条的规定，我们可以知道，以下两种情况的债务会被认定为夫妻共同债务。

（1）夫妻共同确认。夫妻共同确认既可以是事中确认，也可以是事后确认。比如，夫妻双方在借条上共同签字，即共债共签。又如，虽然钱是夫妻一方借的，另一方没有签字，但事后以各种各样的方式，比如打电话、发短信、发微信、发邮件、当面等，认可了这笔债务。无论是事中确认还是事后确认的债务，都属于夫妻共同债务。

（2）债务被用于家庭日常生活。如果自始至终只有夫妻一方承认债务，但所负的债务被用于家庭日常生活，比如孩子上学、还房贷、还车贷等，那么这笔债务也属于夫妻共同债务。

如果自始至终只有夫妻一方承认债务，且借的债务额度很高，超出了家庭日常生活所需，那么根据推定规则，这笔债务为夫妻一方的个人债务。不过，如果债权人能够证明债务被用于家庭共同生活、共同生产经营，则这笔债务也为夫妻共同债务。

在本案例中，王先生欠债是由于自己超速驾驶肇事导致的，与王太太没有关系，而且王太太事后也没有追认，所以这笔债务是王先生的个人债务，王太太无须承担连带责任。

综上所述，王太太有两个选择。第一，继承遗产。这样，王太太只需用继承的遗产偿还 3 万元的债务，对于剩下的 9 万元债务，她可以选择偿还，也可以选择不偿还。第二，放弃继承遗产。这样，对于那 12 万元债务，王太太无须偿还。但是，刘先生可以自行追索王先生家庭存款的一半来偿还其欠自己的债务。

不过，王太太是一个通情达理的人。刘先生在自己丈夫危难的时候伸出援手，她非常感激。虽然法律规定她可以不用偿还剩余的 9 万元债务，但她选择了主动承担，在丈夫去世之后外出打工，一直坚持每个月还钱。刘先生觉得他们孤儿寡母实在不容易，免除了后续的债务，让他们的生活可以轻松一些。

专家建议

《民法典》之所以作出限定继承的规定，是因为人已经离开了世界，如果他的债务延续下去，那么对下一代开启新生活是不利的，为此法律做了一个平衡。案例十三中的王太太和刘先生都非常善良，但在现实中并不是所有人都会这么做。因此，一方面，债务人要合理举债，不要超出自己的偿还能力，同时应尽量避免连带家人；另一方面，债权人也要做好自我保护，借款时应尽量让债务人及其配偶共债共签，免得后续追偿债务时遇到麻烦。

启示金句

父债子还，仅限于遗产继承范围内，超出的可以不还。

——张含律师

案例十四：身后共同债务，配偶需承担连带责任

A 公司由张某创立。在公司创立之初，张某的妻子王某担任法定代表人，后来卸任了法定代表人，担任公司的董事。A 公司专注于制作优秀的影视作品，而且制作的作品都相当成功，这使得 A 公司备受关注，吸引了不少资本的投资。

2012 年，张某接受了 B 公司 4.5 亿元的投资，并与 B 公司签订了对赌协议。根据对赌协议，如果 A 公司在 2014 年底之前上市，张某将获得丰厚的回报；如果未能如期上市，张某则要回购股权并支付 B 公司相应的利息。

2014 年底，A 公司未能如期上市，对赌失败，张某本人需要支付 6.35 亿元给 B 公司。这对张某和 A 公司来说都是沉重的打击。祸不单行，在对赌失败的第二天，张某突发意外离世。

B 公司随即启动仲裁程序，要求张某的遗孀王某承担连带还款责任。两年后，仲裁结果出炉：王某需承担连带还款责任。王某无法负担如此巨额的债务，于是向法院提起诉讼。2018 年，法院判决王某承担 2 亿元的连带还款责任。这个判决结果引起了社会广泛的关注和争议。王某也在各大媒体上对判决结果表示不满。2019 年，

二审维持原判，即王某应该承担2亿元的连带还款责任。

💡 专业分析

在案例十三中，王先生去世之后，王太太只需要用他的遗产偿还债务，无须偿还超过遗产总额部分的债务。那么，为什么王某要偿还丈夫的巨额债务呢？根本原因在于，债务的性质不同。王先生欠下的债务是个人债务。个人债务适用于限定继承，继承人只需以遗产的总价值为限来清偿，超出的部分不用偿还。张某欠下的债务是夫妻共同债务。对于夫妻共同债务，夫妻双方有连带还款责任，债权人可以要求夫妻任何一方偿还全部债务。

那么，为何张某欠下的债务会被认定为夫妻共同债务呢？原因是王某之前做过A公司的法定代表人，同时也是该公司的董事，在公司中承担着重要的职责。这意味着，王某既明知对赌协议，又参与公司的经营和决策。此外，王某也从A公司的经营中获益，该公司是王某重要的家庭收入来源。由此可以证明，这笔债务被用于张某家庭的共同生产经营，而且公司经营的收益也被用于张某家庭的共同生活，因此是夫妻共同债务。

王某在丈夫身故后还要继续偿还巨额债务，让人唏嘘。可见，企业主在经营企业时应该做好债务规划，以免让家人陷入痛苦的深渊。

专家建议

企业经营往往存在很大的风险，但很多企业主却把企业责任和风险扛在自己的肩上。这样，在企业主去世后，连带责任很可能会侵袭家庭，影响家人的生活。因此，企业主在经营时应该注意以下三点。

第一，企业主应合理扩张、合理举债，将企业的负债率控制在合理的水平。在目前的环境下，不宜用过高的杠杆。

第二，企业主应慎重签署连带责任担保合同，慎重对待对赌协议，以免连带责任直接穿透至个人财产，甚至夫妻共同财产。如果不得不签，企业主应为家人保留必要的财产，从而保障家人的基本生活。

第三，企业主应做好家企隔离，规划好自己的生前债务和身后债务。企业主可以通过合理设置股权结构、制定合规的企业财务制度、降低公司注册资本等方式，尽量降低企业经营的债务蔓延至家庭的风险。此外，企业主也可以通过对信托和保险进行架构设计来保障家人的基本生活，给家人留下较为安全的底层资产。

启示金句

家企隔离是企业主的刚需。

——张含律师

案例十五：巧用保单隔离身后债务

罗女士是一位单亲妈妈，她的父母早已去世，她和女儿小陈一起生活。罗女士曾向张先生借了 19 万元用于周转，并打了借条。但还没来得及还钱，罗女士就因为车祸去世了。小陈在整理母亲的遗物时发现了几张保单，指定受益人是小陈。于是，小陈向保险公司申请理赔，保险公司按照保险合同的约定付给小陈 110 万元的身故保险金。

因为罗女士没有其他财产可以清偿债务，所以张先生向法院起诉，要求小陈用身故保险金来偿还罗女士生前欠下的债务。最后法院判定，张先生无权请求小陈以身故保险金来偿还借款。这是为什么呢？

专业分析

根据《民法典》的规定，继承人在继承遗产之后需要以所得遗产为限清偿被继承人生前欠下的债务。那为什么张先生的诉求没有得到支持呢？我们来看一下《中华人民共和国保险法》（以下简称《保险法》）的相关规定。

第四十二条　被保险人死亡后，有下列情形之一的，保险金作为被保险人的遗产，由保险人依照《中华人民共和国继承法》[①] 的规定履行给付保险金的义务：

[①] 2021 年 1 月 1 日，《民法典》施行，《中华人民共和国继承法》废止。

（一）没有指定受益人，或者受益人指定不明无法确定的；

（二）受益人先于被保险人死亡，没有其他受益人的；

（三）受益人依法丧失受益权或者放弃受益权，没有其他受益人的。

受益人与被保险人在同一事件中死亡，且不能确定死亡先后顺序的，推定受益人死亡在先。

上述法条采用的是反向列举法，即符合上述三种情况的身故保险金属于被保险人的遗产，需要被用来清偿被保险人生前的债务。指定受益人领取的身故保险金不在上述法条列举的范围内。因此，小陈领取的110万元身故保险金不属于罗女士的遗产，归她个人所有，不需要被用来清偿罗女士生前欠张先生的债务。

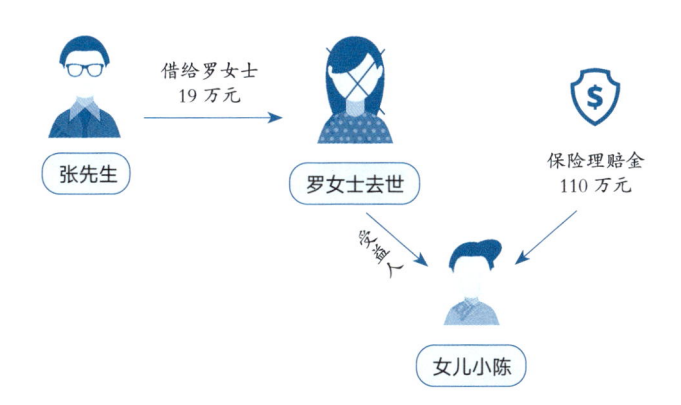

如果小陈得到的不是身故保险金，而是其他遗产，比如罗女士的房产，那么小陈在继承遗产时，就要偿还罗女士的遗产债务。由此可见，保单经过规划后，能起到一个很重要的作用，那就是改变资产的性质，即把遗产变成非遗产。

此外，即使小陈领取的是其他组织或个人给付的母亲的死亡赔偿金，而非身故保险金，法律界的一致意见也是可不予偿债。一是因为死亡赔偿金的赔付对象是死者的近亲属，而非死者本人。二是因为死亡赔偿金的赔付发生在死者去世以后，其性质为基于死者未来收入丧失而给予其近亲属的补偿。也就是说，死亡赔偿金不符合遗产的构成要件，不属于遗产，不需要被用于清偿死者的遗产债务。

专家建议

很多人只会想方设法增加财产的数量，但财产的性质也很重要。如果我们积累的财富都是房产、汽车、存款等财产，那么在去世之后，这些财产通常会变成遗产，进而被用于偿还遗产债务。如果未来开征遗产税，那么继承人还要缴纳遗产税。

保险可以改变资产的性质，让财产在被保险人去世之后不变成遗产，进而无须被用于偿还被保险人生前的债务。因此，我们在做财富规划时，一定要考虑财产的性质，给家人留下"非遗产"。除了保险，家族信托和保险金信托也可以发挥类似的改变资产性质的功效，因为信托受益人领取的受益金也不是遗产，具体详见本书下篇内容。

启示金句

财产非遗产，是家人最后的保护伞。

——张含律师

第七讲

写了遗嘱就一定万事大吉了吗？
——遗嘱继承的风险解析

遗嘱是财富传承最常见的工具之一。很多人在做财富传承规划时，以为订立一份遗嘱就万事大吉了，但事实远没有这么简单。法律对遗嘱的形式有严苛的要求。我们在生活中可能见过这种情况：某人订立了遗嘱，可到了分割遗产的时候，遗嘱却被认定为无效。

接下来，我们通过具体案例详细解析遗嘱在订立、保管、执行过程中的问题。

案例十六：遗嘱形式要求高，细微之处大不同

陈老先生是科研所的研究员，做了一辈子科研工作，具有较高的文化素养。他早年丧偶，和妻子育有四儿两女，且这六个孩子都已成家立业，在不同领域也都发展得不错。2012年，陈老先生的大儿子和大儿媳在一场意外中去世了，所以他把孙子小陈接到自己身边照顾。因为孙子从小失去父母，陈老先生非常心疼孙子，祖孙二

人的感情非常深厚。

陈老先生在妻子去世时进行了一次遗产分割。遗产分割之后，他的名下有三套房子，都是其个人财产。随着年纪越来越大，陈老先生的身体也越来越不好，子孙们都盯着这三套房子。陈老先生人生的最后一段时间大部分是在医院里度过的，经常需要人陪护照顾。在此期间，子孙们都旁敲侧击提起分房子的事情。陈老先生为了让子孙们宽心，通过遗嘱把这三套房子安排妥当。2022 年，陈老先生去世了，其子孙们聚在一起商讨如何分割房子。但令人惊讶的是，这六家竟然都拿出来一份遗嘱。

陈老先生的孙子拿出一份自书遗嘱。这份遗嘱的全文由陈老先生亲笔书写，陈老先生在落款处签了名，并注明了年、月、日。遗嘱的内容是，把陈老先生和孙子一直居住的这套房子给孙子。

陈老先生的大女儿拿出一份代书遗嘱。这份遗嘱是由陈老先生的大女儿替他书写的，陈老先生在落款处按了一个手印。遗嘱的内容是，把陈老先生和孙子一直居住的这套房子给陈老先生的大女儿。

陈老先生的二儿子、三儿子和四儿子拿出的遗嘱，处分的都是陈老先生的第二套房子。二儿子拿出一份录音遗嘱。陈老先生先陈述自己的意愿，二儿子又把陈老先生说过的内容重复一遍。遗嘱的内容是，把第二套房子给陈老先生的二儿子。三儿子拿出一份打印遗嘱。陈老先生在落款处签了名，并注明了年、月、日。遗嘱的内容是，把第二套房子给陈老先生的三儿子。四儿子拿出一份公证遗嘱。这份遗嘱是陈老先生去公证机构订立的，手续齐全，有公证机构盖的章。遗嘱的内容是,把第二套房子给陈老先生的四儿子。

陈老先生的小女儿也拿出一份自书遗嘱。这份遗嘱的全文由陈老先生亲笔书写,同样在落款处签了名,并注明了年、月、日。遗嘱的内容是,把第三套房子给陈老先生的小女儿。

陈老先生的子孙们面对这六份遗嘱非常头疼。那么,到底该按照哪份遗嘱分割房子呢?

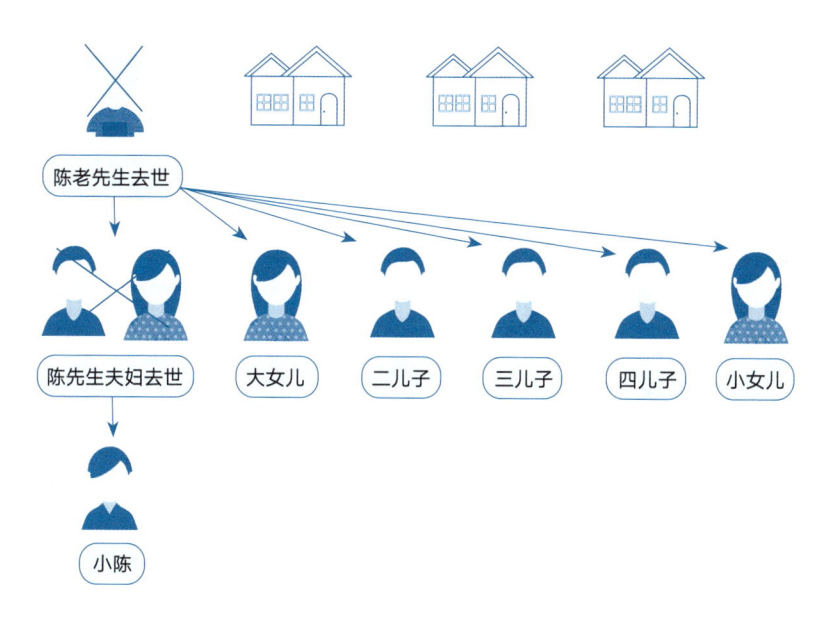

专业分析

在本案例中,我们发现陈老先生的每一份遗嘱的订立时间、形式和内容都不一样,而且有些遗嘱的内容是相互冲突的。那么,哪一份遗嘱是有效的呢?我们来看一下《民法典》的相关规定。

第一千一百三十四条　自书遗嘱由遗嘱人亲笔书写，签名，注明年、月、日。

第一千一百三十五条　代书遗嘱应当有两个以上见证人在场见证，由其中一人代书，并由遗嘱人、代书人和其他见证人签名，注明年、月、日。

第一千一百三十六条　打印遗嘱应当有两个以上见证人在场见证。遗嘱人和见证人应当在遗嘱每一页签名，注明年、月、日。

第一千一百三十七条　以录音录像形式立的遗嘱，应当有两个以上见证人在场见证。遗嘱人和见证人应当在录音录像中记录其姓名或者肖像，以及年、月、日。

第一千一百三十八条　遗嘱人在危急情况下，可以立口头遗嘱。口头遗嘱应当有两个以上见证人在场见证。危急情况消除后，遗嘱人能够以书面或者录音录像形式立遗嘱的，所立的口头遗嘱无效。

第一千一百三十九条　公证遗嘱由遗嘱人经公证机构办理。

根据上述法条的规定，我们可以知道，《民法典》对遗嘱的形式作出了详细、完备的规定。也就是说，遗嘱有固定且严格的形式，不是遗嘱人随便写几行字，然后签字、按手印，就可以成为一份有效遗嘱的。

自书遗嘱应当由遗嘱人亲笔书写，然后签名，并注明年、月、日。需要注意的是，一份有效的自书遗嘱要求遗嘱人亲笔手写全文，而不只是在落款处签字。这样，一方面方便做字迹鉴定，另一方面方便从字迹判断遗嘱人的精神状况是否正常，是否具有完全民事行为能力。就孙子和小女儿手中的自书遗嘱来说，全文由陈老先生亲笔书写，陈老先生在落款处签了名，并注明了年、月、日，且两份遗嘱内容不冲突，处分的是不同的财产，所以这两份遗嘱是有效的。

代书遗嘱要求两个以上见证人在现场见证，其中一个人代替遗嘱人书写遗嘱，遗嘱人、代书人和其他见证人都要签名，并注明年、月、日。因为代书遗嘱是其他人代替遗嘱人书写的，所以需要见证人在场见证，以保证遗嘱是在遗嘱人精神状况良好，且按照其真实意愿的情况下订立的。就大女儿拿出的代书遗嘱来说，陈老先生只在上面按了手印，不但没有签字，而且也没有见证人，所以是无效的。

打印遗嘱是《民法典》新增加的遗嘱形式，是指遗嘱的全文并非手写，而是打印的。打印遗嘱也需要两个以上见证人在场见证，且遗嘱人和见证人需要在遗嘱每一页签名，并注明年、月、日。就三儿子拿出的打印遗嘱来说，陈老先生只在落款处签了名，没有在每一页签名，也没有见证人，所以是无效的。

·录音录像遗嘱需要两个以上见证人在现场见证。遗嘱人和见证人需要在录音录像中记录其姓名或者肖像，以及年、月、日。就二儿子拿出的录音录像遗嘱来说，因为没有见证人在场见证，所以是无效的。

公证遗嘱是遗嘱人到公证机构订立的，由公证机构两个以上公证人员办理。四儿子拿出的遗嘱是公证过的，所以是有效的。

通过上述分析，我们可以知道，由于陈老先生的孙子、四儿子和小女儿手中的遗嘱是有效的，所以他们可以得到相应的房子。

除了自书遗嘱、代书遗嘱、打印遗嘱、录音录像遗嘱、公证遗嘱，口头遗嘱也是一种合法的遗嘱形式。但口头遗嘱只有在危急情况下才可以订立，并且需要两个以上见证人在场见证。危急情况消除后，若遗嘱人能以书面或录音录像形式订立遗嘱，所订立的口头遗嘱无效。也就是说，只有遗嘱人在说完口头遗嘱之后就去世了，或处于无法再订立遗嘱的状态，且同时有两个以上见证人在场见证，口头遗嘱才是有效的。

此外，我国法律对于见证人也是有严格要求的，并非任何人都能做见证人。我们来看一下《民法典》的相关规定。

第一千一百四十条　下列人员不能作为遗嘱见证人：

（一）无民事行为能力人、限制民事行为能力人以及其他不具有见证能力的人；

（二）继承人、受遗赠人；

（三）与继承人、受遗赠人有利害关系的人。

根据上述法条的规定，我们可以知道，见证人需要具有完全民事行为能力。此外，继承人以及与继承人有利害关系的人不能做见证人。所以，陈老先生的子孙们是不能做见证人的。

我国只有以上六种合法有效的遗嘱形式，其他形式的遗嘱都是无效的。此外，每种遗嘱形式都有严格的规定，不符合相关规定的遗嘱也是无效的。法律之所以规定得如此严格，是为了确保财富按照遗嘱人的真实意愿进行传承，毕竟遗嘱是在遗嘱人死亡之后才生效和执行的。

专家建议

无论是遗嘱人还是继承人，学习遗嘱知识都是非常有必要的。我们需要了解遗嘱的生效要件、遗嘱无效的情形，这样才能知道哪一份遗嘱有效，哪一份遗嘱无效。

当然，案例十六中的陈老先生可能是有意为之，他希望所有子孙都对自己好，所以给所有子孙都订立了遗嘱。这种做法固然聪明，但也充满了风险。万一某个环节没有安排好，可能会既伤害了家人的感情，又没有达成自己的意愿。此外，陈老先生这么做，虽然达成了自己的意愿，把房子给了自己想给的人，但几乎断送了子孙之间的感情，从长远来看对家族是不利的。

所以，我们在进行财富传承规划时，尽量不要自己操作，而要寻求专业人士的帮助，以免思虑不周给财富传承带来麻烦。

启示金句

遗嘱的订立条件严苛，是最容易无效的法律文书。

——张含律师

案例十七：遗嘱有效，就一定能被执行吗

卢老先生和妻子一共育有四个儿子，但四个儿子对他们老两口的孝心却大相径庭。所以，他们在生前订立了遗嘱，把全部房产留给了最孝顺的大儿子。两位老人去世之后，大儿子依照遗嘱可以继承全部房产。这让另外三个儿子心生不满，于是他们拒绝配合大哥办理继承公证。因此，大儿子只好向法院起诉，要求按照遗嘱继承房产。

开庭之后，原告和被告要举证、质证。大儿子作为原告，提交了遗嘱原件以及其他证据材料。法官看了之后觉得没有问题，然后将证据材料传给了被告。其中一个被告在接过证据材料时，不慎将最上面的遗嘱原件滑落到地上。他弯腰捡起遗嘱原件，但没有立刻放回去，而是快速将其搓成团，放在了自己的大腿上。他假装拿起眼镜要看证据材料，趁机把遗嘱原件放进嘴里，然后拿起旁边的水，喝了一口，把遗嘱原件吞了下去。在质证时，他说遗嘱上的签名是假的，不是他父亲的亲笔签名。

质证之后，法官取回证据材料，结果发现遗嘱原件不见了。法官询问被告，要求被告交出，被告却表示不知道。虽然被告坚决否认，但庭审现场的监控清楚地记录下他吞下遗嘱原件的一幕。

法庭当即休庭。被告的行为属于故意毁损证据，所以法庭对其作出处罚决定，罚款 5 万元。此外，被告的行为并没有把案件推向对其有利的一面。因为遗嘱有复印件，而且法官已经看过原件，并记录在案，所以遗嘱的效力没有问题。最后，法官判决遗产按照遗嘱执行。

🔹 专业分析

在本案例中,由于法庭有监控,且法官已经审核过遗嘱原件,确认了复印件与原件是一致的,所以遗嘱才最终得以执行。但如果在生活中,某个继承人看了遗嘱之后,对遗嘱中的遗产分割结果不满,直接撕毁或吞掉遗嘱,而这一过程又没有被记录下来,那么遗嘱的执行就会受到很大程度的影响。在这种情况下,由于遗嘱原件已经遭到破坏,复印件不一定会被认定为有效。

也就是说,即使遗嘱是有效的,也不代表遗嘱人的财富传承意愿一定能够实现。首先,遗嘱不能自行执行,需要不同的人来配合。其次,如果遗嘱没有被妥善保管,执行则更无从谈起。在现实生活中,遗嘱的保管和提取可能会出现各种各样的问题。因此,遗嘱人在订立遗嘱时,除了要考虑遗产怎么分割,也要考虑如何保管和提取遗嘱,以及未来遗嘱执行的问题,保证遗产可以按照遗嘱顺利地分割。

🔹 专家建议

通过上述分析,我们可以知道,遗嘱在被执行之前,还存在另一个问题,那就是如何保管和提取遗嘱。遗嘱订立和遗嘱执行之间往往相隔若干年。在此期间,遗嘱需要被存放在安全的地点,以免因水、火、虫等因素被损毁。此外,谁来提取遗嘱也很关键。如果由在遗嘱中没有获得较大利益的一方来提取,则遗嘱很可能会被损毁，因为对该继承人而言，法定继承好过遗嘱继承，毕竟法定继承能平均分配遗产。

因此，遗嘱人在订立遗嘱时要选择专业的机构，比如去公证机构订立公证遗嘱。此外，目前市场上有一些商业遗嘱机构，其在协助订立、保管和执行遗嘱方面有所建树，遗嘱人也可以慎重鉴别和选择。

启示金句

遗嘱立了不执行，既不如愿又伤情。保管、提取与执行，样样皆需早警醒。

——张含律师

案例十八：在个人自由之上，还有公序良俗

马先生和妻子叶女士的感情一直不是很好。马先生曾向法院起诉两次，要求与叶女士离婚，但由于叶女士坚决不同意离婚，最后他们没能成功离婚。于是，马先生决定搬出来住，与叶女士分居。不久之后，马先生认识了小丽。马先生认为小丽是一个温柔贤惠、善解人意的女孩。他们很快同居在一起。两人同居之后，马先生更坚定地要和叶女士离婚，然后和小丽结婚。

但是，在和小丽共同生活的这段时间，马先生依然没能成功离婚。更糟糕的是，人到中年的马先生还被诊断出了癌症，好在小丽

第七讲 写了遗嘱就一定万事大吉了吗？

一直无微不至地照顾他。马先生非常感动，觉得小丽是上天派来的天使。于是他订立了一份遗嘱，声明在自己离世后把房子留给小丽。后来，马先生的病情越来越重，几年后离开了人世。

在马先生离世之后，小丽拿着这份遗嘱，提出要继承马先生的房子。叶女士则认为他们属于非法同居，所以坚决不同意。最后，她们闹上了法庭。

专业分析

在本案例中，小丽拿的遗嘱是自书遗嘱，全文由马先生亲笔书写，马先生在落款处签字、按手印，并注明了年、月、日。这份遗嘱确实是马先生真实的意思表示，而且形式是合法的。但法院最后没有支持小丽的诉求，将这份遗嘱认定为无效。为什么会这样呢？我们来看一下《民法典》的相关规定。

第八条　民事主体从事民事活动，不得违反法律，不得违背公序良俗。

第一千零四十三条　家庭应当树立优良家风，弘扬家庭美德，重视家庭文明建设。

夫妻应当互相忠实，互相尊重，互相关爱；家庭成员应当敬老爱幼，互相帮助，维护平等、和睦、文明的婚姻家庭关系。

根据上述法条的规定，我们可以知道，由于马先生还没有成功离婚就与小丽同居，所以他们的关系是违背法律和道德的。因此，就算马先生订立遗嘱的形式合法，且是其真实的意思表示，遗嘱也是无效的，因为违背了公序良俗。这意味着，如果马先生的房子是夫妻共同财产，那么在他去世之后，妻子叶女士先分得一半，剩下的一半会按照法定继承由马先生的第一顺序继承人继承，即他的妻子叶女士、父母和子女。

由此可见，在个人自由之上，还有更高一层，即公序良俗。人的自由是有限度的，不能凌驾于公序良俗之上。订立遗嘱同样如此。

除了婚外情这种情况，我们可能还在社会新闻中看到，老人在临终之前订立遗嘱，把房子送给保姆。这样的遗嘱是否有效呢？与本案例类似，如果保姆和老人之间存在不正当关系，那么遗嘱通常会因为违背公序良俗而被认定无效。如果老人只是因为保姆把自己照顾得很好，对此很感动，才想把房子送给保姆，他们之间并没有不正当关系，那么遗嘱是有效的。这种行为会被认定为遗赠。

专家建议

通过上述分析，我们可以知道，订立遗嘱有很多注意事项，稍有不慎，遗嘱就可能无法生效。接下来，我们系统总结一下订立遗嘱要注意的事项。

（1）无权处分。在遗嘱中，遗嘱人只能处分自己的那部分财产，不能处分夫妻共同财产中配偶的那部分财产。

（2）遗漏财产。有些人的财产种类比较多，形式也比较复杂，而且经常会发生变化，结果导致在订立遗嘱时可能会遗漏财产。而在遗嘱中遗漏的财产会按照法定继承处理。因此，为了避免财产被遗漏，遗嘱人最好在遗嘱中设置一些兜底条款，比如其他财产都给某个人。

（3）关怀弱者。我国法律保护弱者，这个原则也体现在订立遗嘱中。我们来看一下《民法典》的相关规定。

第一千一百四十一条 遗嘱应当为缺乏劳动能力又没有生活来源的继承人保留必要的遗产份额。

根据上述法条的规定，我们可以知道，遗嘱不能取消没有劳动能力又没有生活来源的继承人的继承权，比如残疾人、未成年人等。因此，遗嘱人在订立遗嘱时必须给相应人员保留必要的份额，以保障他们的日常生活。

（4）避免语言歧义。遗嘱人在书写遗嘱时，要尽可能使语言严谨。比如，有的人在遗嘱中会写，自己的财产未来由女儿管理或打理。"打理""管理"不是法律概念，所有权和管理权也不是一回事。若遗嘱人要把财产留给某个继承人，可以直接写财产由其继承，或归其所有。遗嘱人在书写遗嘱时若有疑问，可以请专业人士把关。

（5）形式合法。遗嘱人必须严格按照法律规定的形式来订立遗嘱。此外,《民法典》对遗嘱人也有一定的要求。

第一千一百四十三条　无民事行为能力人或者限制民事行为能力人所立的遗嘱无效。

遗嘱必须表示遗嘱人的真实意思,受欺诈、胁迫所立的遗嘱无效。

伪造的遗嘱无效。

遗嘱被篡改的,篡改的内容无效。

根据上述法条的规定,我们可以知道,遗嘱人在订立遗嘱时需要具有完全民事行为能力,且要在精神状况良好、意识清醒的状态下订立遗嘱,这样的遗嘱才是有效的。如果遗嘱人患有阿尔茨海默病,或没有民事行为能力,那么即使他订立的遗嘱形式合法,也是无效的。

(6)见证人。没有见证人或见证人不符合法律规定也可能导致遗嘱无效。自书遗嘱不需要见证人。对于公证遗嘱,两名公证员就是见证人。此外,其他形式遗嘱都需要两个以上见证人在场,而且继承人以及与继承人有利害关系的人不能做见证人。

(7)内容合法。遗嘱的内容不得违反法律的强制性规定,不能违背公序良俗,否则也是无效的。

总之,遗嘱人要根据实际情况选择适合自己且符合法律规定的遗嘱形式。我们建议采用"自书遗嘱+录像"的形式,即遗嘱人亲笔书写遗嘱全文,并且把书写的过程录下来,再说几句话,表明自己的精神状况良好。自书遗嘱是最简单的遗嘱形式，不需要见证人。而录像可以为遗嘱的有效性提供额外的保障。此外，遗嘱人可以根据具体情况，在订立遗嘱的那段时间做相应的行为能力鉴定或健康诊断，从而以体检报告、健康声明、行为能力证明等，加强遗嘱的效力。

当然，遗嘱人也可以直接到公证机构订立一份公证遗嘱。在订立遗嘱之后，遗嘱人一定要选好遗嘱执行人或遗产管理人，替自己保管、执行遗嘱，保证财富传承的意愿顺利实现。

💡 启示金句

订立遗嘱时，在个人自由之上，还有公序良俗。

——张含律师

第八讲

不想给儿只想给孙，隔代传承要注意
——隔代传承的典型风险

有些老人特别疼爱孙辈，以至于想绕过子女，直接把财产给孙辈。这种隔代传承的情况在生活中并不少见。但是，将财产直接给孙辈不是一件简单的事，其中有很多问题需要特别注意。

接下来，我们通过两个案例具体分析一下隔代传承的一些"坑"。

案例十九：孙子能继承爷爷留下的房子吗

胡爷爷和胡奶奶有三个女儿和一个儿子，三个女儿均无子女，只有儿子生了一个孙子，叫小胡。小胡自幼与爷爷、奶奶生活在一起，受到老两口的百般疼爱。胡爷爷和胡奶奶跟子女们表示过，等他们百年之后，把居住的房子留给小胡。2018—2022 年，胡爷爷、胡奶奶先后去世，房子自然留给了小胡。可是小胡在办理过户手续时，却遇到了麻烦。

虽然子女们都知道胡爷爷、胡奶奶把房子留给了小胡，但二老没有订立遗嘱。由于没有遗嘱，遗产要按照法定继承来处理。但是，根据我国《民法典》的相关规定，孙子并不是法定继承人。也就是说，小胡不能直接继承这套房子。

如果小胡想要拿到爷爷和奶奶的房子，只有一种方法：小胡的父亲先继承胡爷爷、胡奶奶的房子，同时三位姑姑放弃继承权，然后小胡的父亲再将继承的房子赠与小胡。但这种方法在现实中有很大的不确定性。毕竟，小胡有三位姑姑，只要她们任何一位提出异议，小胡就很可能无法顺利拿到房子。

那么，假如胡爷爷和胡奶奶订立了遗嘱，将房子留给小胡，小胡能顺利拿到房子吗？

💡 专业分析

答案是：不一定。首先，如前文所述，订立遗嘱是一件专业性较高的事情，稍有偏差，则遗嘱人订立遗嘱的效力很难保证。其次，即使胡爷爷和胡奶奶订立的遗嘱是有效的，小胡作为受遗赠人而非法定继承人，也未必能够拿到房子。我们来看一下《民法典》的相关规定。

第一千一百二十四条　继承开始后，继承人放弃继承的，应当在遗产处理前，以书面形式作出放弃继承的表示；没有表示的，视为接受继承。

受遗赠人应当在知道受遗赠后六十日内，作出接受或者放弃受遗赠的表示；到期没有表示的，视为放弃受遗赠。

根据上述法条的规定，我们可以知道，接受遗赠有一个有效期。如果受遗赠人在知道受遗赠后六十日内没有表示接受，则视为放弃接受遗赠。但法定继承人没有这样的限制。

在现实生活中，很多人认为自己接受爷爷、奶奶的遗产是顺理成章的，却没有注意时效问题，结果导致无法得到遗产。因此，受遗赠人要采取一般意义上的主动行为来表示接受。虽然这是实践中大多数受遗赠人在意图接受时的第一反应，但也会带来较多的诉讼纠纷。下面是一些常见的受遗赠人表示接受遗赠的方式及其注意事项。

（1）直接表示接受。这种方式是最简单、最直接的接受遗赠的方式。但如果受遗赠人没有妥善留存证据，那么接受遗赠的效力则取决于相关人员的证明。若受遗赠人能够取得其他继承人的证明，就可以确保接受遗赠的效力。所以，建议受遗赠人在作出接受的意思表示时，要结合现场录像来取证。

（2）邮寄接受声明书。在财富传承实务中，受遗赠人可能与其他继承人分隔两地，甚至在异国他乡。在这种情况下，直接向其他继承人表示接受遗赠的方式并不可行。此时，受遗赠人最好通过邮寄信件、电子邮件等方式表示自己接受遗赠的意愿。

（3）提起诉讼。这种方式在实践中也很常见。它最大的优点在于，不仅可以一次性厘清遗产分配关系，还可以获得法院的强制执行保障；最大的缺点在于，容易导致家庭关系的恶化，且会产生较大的诉讼成本。因此，在采取这种方式之前，受遗赠人应提前了解自己和其他继承人的具体情况，以便作出更明智的决策。

（4）公证。根据我国《民法典》的规定，受遗赠人获得遗赠财产的前提是在法定期限内作出接受的意思表示。因此，这里的公证，实际上是指对受遗赠人已经在法定期限内作出接受的意思表示这一事实进行公证。就效力和可操作性而言，公证是一种较为简单易行的方式。

（5）申请过户。在实践中，有些受遗赠人可能不直接表示接受遗赠，而是向不动产登记服务中心申请过户。虽然他们没有直接表示接受遗赠，但申请过户的行为代表着他们接受了遗赠。这种方式的关键在于不动产登记服务中心会出具相应的证明文件，以证明受遗赠人已经申请了房产过户。然而，该方式受限于我国各地不动产登记服务中心的具体规定，其适用性需要结合各地的具体管理模式而定。此外，对于其他没有权属登记机关的财产，比如现金、黄金等，这种方式则无法适用。

专家建议

在隔代传承中，因为孙辈是受遗赠人，而非法定继承人，所以在接受遗赠时需要注意六十日的时效。同时，表示接受遗赠的方式有很多，受遗赠人可以结合自己的情况进行选择。但是，受遗赠人一定要积极表示，不要觉得"反正财产是自己的"而怠于表示，从而导致法律推定放弃接受遗赠的情形发生。

在以上五种表示接受遗赠的方式中，公证是最稳妥的方式。但大多数时候，公证机构的工作很繁忙，受遗赠人可能在六十日内预约不上。在这种情况下,受遗赠人可以先写一份接受遗赠的声明,然后再去公证,最后将公证书快递给其他继承人。

此外,由于隔代传承绕过了中间一代人,所以,如果受遗赠人的父辈有兄弟姐妹,可能会引发家庭纠纷。

我们可以通过对金融工具进行架构设计来确保自己的意愿可以实现,比如指定孙辈为保险受益人或信托受益人。这样的安排有以下两个好处。第一,孙辈在领取身故保险金或信托利益时,没有遗赠制度中六十日的时间限制,相对比较自由。第二,孙辈在领取身故保险金或信托利益时,无须办理继承公证,因此不需要其他家庭成员的参与就能拿到财产。这样不仅简便易行,也不容易引起纠纷,还能确保隔代传承的意愿可以实现。

启示金句

孙辈并非法定继承人,隔代传承更需注意架构设计。

——张含律师

案例二十:监护人问题导致隔代传承失败

小旭的爷爷一生致力于中医事业,在当地经营着一家有名的中医馆。由于小旭的爷爷不但医术精湛,而且医德高尚,所以前来求医的患者络绎不绝,中医馆的盈利不错。此外,小旭的爷爷是一个勤俭节约的人,每年都能存下一些钱。

第八讲　不想给儿只想给孙，隔代传承要注意

小旭的父亲年轻时心性不定，没有继承父亲的医术，直到将近40岁才定下心来，结了婚，并在镇上开了一家棋牌室。虽然小旭父亲的收入不怎么高，但小旭的爷爷每月都会给他们一家一些经济补贴，因此他们一家的生活也算安定和温馨。

小旭自幼聪明伶俐，深得爷爷的宠爱，祖孙之间的感情非常深厚。小旭的爷爷生前给小旭留下了一笔200万元的现金，并嘱咐小旭的父母妥善保管这笔钱，以便将来用于小旭的学业和婚姻。小旭的父母一直遵循着父亲的遗愿，没有动用这笔钱。眼看小旭即将上小学，小旭的父母打算在市区购买一套房子，以便小旭能够受到更好的教育。然而，他们因为担心房贷的压力而犹豫不决。

当时，股市正值繁荣期，人们都在谈论股票能够带来丰厚的收益。小旭的父母受到周围人的影响，将父亲留下的200万元投进了股市，希望能够以此来减轻家庭的负担。然而，在他们投资后，股市急转直下。结果小旭的父母在多次交易后亏损严重，当初的200万元只剩下70多万元。他们不仅没有买到市区的房子，还损失了父亲留给小旭的钱。

💡 专业分析

在隔代传承中，由于孙辈年幼，有些祖辈通常会经由父辈的手把财产留给孙辈。由于缺乏有效的途径，父辈往往会采取简单的"给孩子存钱"的方式。然而，这种方式有不小的隐患。比如，父辈因为缺乏财富管理能力，导致财富流失；父辈因为离婚或欠债，

导致财富被分割或用于还债；父辈因为侵占、挪用，导致财富不能真正留给孙辈。可见，当财富传承需要经由他人之手时，他人的做法很可能会影响我们的传承意愿，监护人也不例外。因此，我们需要考虑隔代传承在时间维度上的风险。

在本案例中，小旭的爷爷没有考虑到，对小旭的父母来说，长期管理和保管大量现金是一项具有挑战性的任务。虽然他们尊重小旭爷爷的遗愿，没将这笔钱用于其他开销，但因为全盘押注股市这一过激的举动而导致大量现金亏损。这是缺乏风险控制能力和资产配置能力的表现。

专家建议

案例二十提醒我们，不要将家庭的刚需资金，比如基本生活费、孩子的教育金、自己和父母的养老金等，投资激进的金融产品，而要投资稳健的金融产品。而且在投资时，我们要采取分散投资的策略，将资金分配到不同的资产类别中。这样即使某个资产表现不佳，也不会对整个投资组合造成太大的影响。总之，在投资中，我们切记不要做孤注一掷的事情。

此外，由于父母是子女的法定监护人，可以代为管理子女的财产，所以父辈的做法将直接影响祖辈的财富最终能否完好地交给孙辈。因此，在做隔代传承规划时，祖辈需要考虑父辈财富管理能力不足、离婚、欠债和侵占挪用等风险，以保证自己的意愿可以实现。

比如，祖辈可以设立家族信托或保险金信托，并设置孙辈为信托受益人，以此来实现隔代传承。这样做有以下两个好处：第一，由于有投资顾问把关，委托人可以选择把资金投向较为安全的底层资产；第二，委托人可以设置个性化的领取条件，这样财产就不会一次性给予受益人，而会分次给付、按条件给付。比如，祖辈可以在信托合同中约定，孙辈在成年之前只能领取一小部分财产，以防止父辈因为财产管理不善，或婚姻、债务风险而导致财富流失。此外，信托还有很多优势，详见本书下篇内容。

启示金句

财富传承不易，隔代传承更不易。除了传承风险，还需考虑中间一代的财富管理能力。

——张含律师

第九讲

提前过户给孩子最省事？没那么简单！
——生前传承财富的风险

一些人觉得法定继承、遗嘱继承和遗赠都有很大的不确定性，于是干脆把财产提前过户给孩子。虽然提前把财产过户给孩子是一个方法，但是其中有很多暗藏的风险。如果我们没有提前规避这些风险，不仅会给家庭财富带来损失，还会承受情感上的伤害。

接下来，我们通过三个案例分析一下提前传承有哪些风险。

案例二十一：子女意外财外流，理性规划保平安

王女士和丈夫陈先生的感情并不好。陈先生家是一个重男轻女思想很严重的家庭，而王女士偏偏生下了一个女儿。所以，陈先生以及他的父母对王女士和王女士的女儿都不是很好。长年累月下来，王女士身心俱疲，最终和陈先生离婚了。离婚之后，王女士一个人带着女儿到上海打拼。

王女士是一位聪慧机敏的女性，而且吃苦耐劳，很快就靠做服装生意赚到了第一桶金。有了一定的财富之后，王女士看中了上海

的房地产市场，觉得上海的房子很有投资价值，于是开始和朋友一起投资房地产。多年下来，王女士在上海一共积攒了八套房子，包括住宅以及商铺。此后，上海的房价不断上涨，王女士和女儿的生活得到了很大的改善。

王女士觉得自己的财产早晚都要给女儿，而且万一自己有一天发生意外，或将来开征房产税和遗产税，女儿在继承遗产时肯定会受影响，所以不如早点做安排，以规避继承风险。于是，在女儿陈小姐成年之后，王女士就带着她来到不动产登记服务中心，将八套房子全部过户到陈小姐的名下。

虽然王女士和陈小姐多年来相依为命，但两人的感情并不好。王女士一直把大部分的时间和精力投入到事业中，很少陪伴陈小姐。此外，王女士是一位性格强势的女性，经常干涉陈小姐的人生，这让陈小姐感到很反感。于是，在高考之后，陈小姐毅然选择了一所北方的大学，希望可以脱离王女士的掌控。

陈小姐在大学期间谈了一段恋爱，但她的男朋友来自农村，家庭条件不好。王女士知道之后，坚决不同意陈小姐和她的男朋友在一起。这反而激起了陈小姐的叛逆情绪，使她更加坚定地要和男朋友在一起。大学毕业之后，陈小姐和男朋友偷偷领了结婚证，来到深圳生活。

王女士看到木已成舟，只好接受现实。随后，王女士又全款给女儿和女婿在深圳买了一套房子，在房产证上写了他们两人的名字，希望他们能好好过日子。但不久之后，陈小姐发生意外去世了。这对王女士是一个致命的打击，因为陈小姐是她在世上唯一的亲人。此外，财产继承又给了王女士沉痛的一击。

💡 专业分析

王女士为了避免将来要交遗产税和房产税，以及传承财富的风险，把八套房子提前过户到了陈小姐的名下。那时陈小姐还没有结婚，所以这八套房子是其个人财产。在陈小姐去世之后，这部分财产自然就成了其遗产。

由于陈小姐生前并没有做财富传承规划，所以其遗产要按照法定继承来处理，由其第一顺序继承人继承。陈小姐去世时没有孩子，所以她的第一顺序继承人包括她的配偶、母亲王女士，以及父亲陈先生。也就是说，陈小姐的这部分遗产要平均分成3份，每位继承人可以获得1/3的遗产。这让王女士的内心极不平衡，因为她辛辛苦苦攒下的房子，最后竟然只能分到1/3。

此外，陈小姐在深圳还有一套房子。这套房子是王女士买的，登记在陈小姐和她的配偶名下，属于夫妻共同财产。陈小姐去世之后，她的配偶先分得1/2，剩下的1/2是陈小姐的遗产。这部分遗产也要平均分成3份，每位继承人可以获得1/6的财产。所以，王女士当初全款买下的这套房子，自己只能得到1/6。

王女士之所以选择提前传承，是想规避女儿在继承遗产时的损失和风险，结果，大部分财产都给了自己不想给的人。失去女儿本来就让王女士心痛不已，而财富分配的结果则更让她揪心。由此可见，提前传承不是万无一失的办法。我们要记住，财富在哪里，风险就在哪里。我们要做好相应的风险防控，避免财富流进他人的口袋。

💡 专家建议

很多人避讳谈自己的死亡，更避讳谈子女的死亡，所以在财富规划时很容易忽略子女发生意外的风险。但是，意外无处不在。如果我们把财产提前过户给子女，那么当子女发生意外时，我们要面临的就不仅是亲人离开的痛苦，还有财富流失的痛苦。因此，我们要理性、客观地面对一切可能性，避免风险发生对家族财富造成影响。

我们可以采取以下三种解决方案：第一，我们可以让子女订立遗嘱，并写明万一子女发生意外，财富可以回到家族内部的继承人手中；第二，我们可以为子女购买大额保险，将自己或孙辈设立为受益人，这样在子女发生意外时，财富也会回到家族内部；第三，我们可以采用家族信托或保险金信托的方式为子女的人生保驾护航。具体方案设计及其优势，详见本书下篇内容。

💡 启示金句

人生无常，谁都不知道明天和意外哪个先来。做好风险防控，才能让幸福更加踏实。

——张含律师

案例二十二：提前过户给晚辈，婚姻风险分一半

刘爷爷和刘奶奶育有几个子女。大儿子刘先生和妻子的感情不好，很早就离婚了。之后，刘先生到其他城市生活，把儿子小刘交给父母抚养。刘先生在其他城市的生活很不容易，勉强又组建了一个小家庭，很难顾得上小刘。所以，小刘从小在爷爷、奶奶身边长大，和爷爷、奶奶的关系非常亲密。刘爷爷和刘奶奶也很喜欢小刘。

转眼间，小刘到了该结婚的年纪。小刘有一个女朋友小花，但小花家提出要30万元的彩礼。30万元对小刘家来说不是一笔小钱，刘爷爷、刘奶奶拿不出这么多钱。刘先生多年不和儿子生活在一起，感情比较疏远，只掏了3万元，不愿意再出更多的钱。正当刘爷爷和刘奶奶一筹莫展之际，有人给他们出了一个主意，让他们把名下的房子提前过户给小刘和小花，作为他们结婚后的住房，然后和小花家协商，就别要彩礼了。

两位老人觉得这是一个好办法。其一，他们本来就想把房子留给孙子，提前过户也算了却一桩心愿；其二，子女们也都惦记这套房子，现在提前过户给孙子，可以打消他们争夺房子的念头；其三，在房子过户之后，刘爷爷、刘奶奶和小刘依旧可以像从前一样住在一起。所以，在小刘和小花结婚后不久，刘爷爷、刘奶奶就到不动产登记服务中心把房子过户到了小刘和小花的名下。

小刘和小花结婚之后，一直与刘爷爷、刘奶奶住在一起。两代人生活在一起，难免会发生争执。有一次，小花和刘奶奶吵起来

了，小刘觉得小花不尊重刘奶奶，一怒之下打了小花一巴掌。因为此事，小花坚决要和小刘离婚。

由于房子在小刘和小花的名下，是他们的夫妻共同财产，所以两人离婚后，小花要求分走一半财产。这套房子是刘爷爷和刘奶奶后半生的依靠，但他们拿不出钱补偿给小花。于是，他们就和小花协商，卖掉这套房子，换一套小房子，把中间的差价补偿给小花。而这笔钱要远远超过当初小花家要的 30 万元彩礼钱。

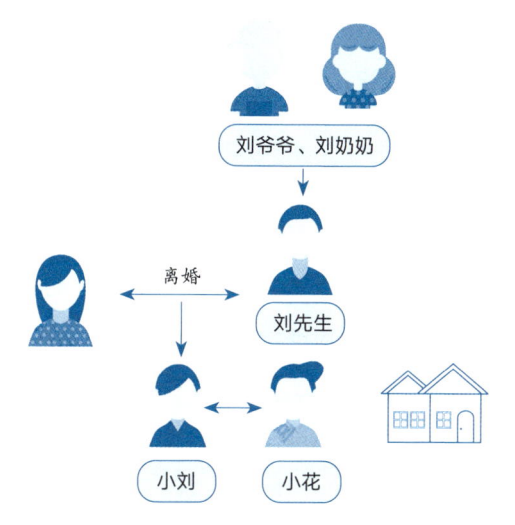

专业分析

在本案例中，刘爷爷和刘奶奶将房子提前过户给小刘和小花，一方面减轻了彩礼压力，另一方面也避免了子女争夺房子。这种做法表面看起来是一个好方法，但也带来了财富外流的风险。我们来看一下《民法典》的相关规定。

第一千零六十二条　夫妻在婚姻关系存续期间所得的下列财产,为夫妻的共同财产,归夫妻共同所有:

(一)工资、奖金、劳务报酬;

(二)生产、经营、投资的收益;

(三)知识产权的收益;

(四)继承或者受赠的财产,但是本法第一千零六十三条第三项规定的除外;

(五)其他应当归共同所有的财产。

夫妻对共同财产,有平等的处理权。

第一千零六十三条　下列财产为夫妻一方的个人财产:

(一)一方的婚前财产;

(二)一方因受到人身损害获得的赔偿或者补偿;

(三)遗嘱或者赠与合同中确定只归一方的财产;

(四)一方专用的生活用品;

(五)其他应当归一方的财产。

根据上述法条的规定,我们可以知道,除非赠与合同中写明财产只归夫妻一方所有,否则夫妻一方在婚姻关系存续期间受赠的财产都是夫妻共同财产。刘爷爷和刘奶奶在将房子过户给小刘时,未与小刘签订赠与合同,明确房子只归小刘一人所有,并且在房产证上加上了小花的名字,结果导致房子成为小刘和小花的夫妻共同财产。因此,在小刘和小花离婚时,小花可以分走一半财产。

专家建议

长辈在给晚辈提供财富支持时，一定要考虑晚辈的婚姻风险。具体来说，如果长辈想在晚辈婚后将财产赠与晚辈个人，一定要签订赠与合同，并在合同中写明财产只给晚辈个人，不是夫妻共同财产。赠与合同不经公证就可以生效，但经过公证会更加稳妥。需要注意的是，赠与合同不能在事后补签。所以，一切规划都要提前做，而这需要我们对风险有系统的认识和理性的思考。

在案例二十二中，刘爷爷和刘奶奶将唯一的财产赠与小刘和小花，结果不仅因小刘离婚导致财富外流，还影响到他们未来的养老生活。因此，长辈不要将自己唯一的财产或重要的财产提前过户给晚辈，以免影响自己晚年的生活。

启示金句

对于财富传承，事前规划永远大于事后补救。

——张含律师

案例二十三：失去财富控制权，晚年生活难保障

宋先生和姚女士只有一个儿子小宋。由于从小在父母的宠爱下长大，小宋的性格有些乖张。姚女士溺爱儿子，对儿子无所不依，而宋先生则比较清楚儿子的性格，一直对其严加管教。宋先生晚年

得了重病,感觉自己可能不久于人世,所以想为姚女士做一些事情。于是,他偷偷买了一套房子,登记在了姚女士的名下,并且叮嘱姚女士千万不要告诉儿子有这套房子。

在宋先生离世之后,小宋和妻子经常来看望姚女士,每次都买很多东西。姚女士感到很欣慰,觉得儿子在经历父亲病逝的变故后一下子成长了。于是,小宋趁机开始跟姚女士商量房子过户的事情。小宋知道,父母的名下有两套房子,如今父亲去世了,这两套房子需要办理过户手续。小宋觉得,反正这两套房子早晚都要过户给自己,便和妻子一起劝说母亲放弃继承,直接将房子过户到自己的名下。这样的话,将来就不用再办理第二次继承手续了,既省钱又省事。姚女士看到儿子和儿媳如此孝顺,没有多想,就把两套房子过户给了儿子。

房子过户后,春节将至。在除夕晚宴上,姚女士看着儿子和儿媳如此孝顺,再加上喝了酒,就把第三套房子的事情说了出来。小宋立即盯上这套房子,和妻子继续对姚女士释放糖衣炮弹,最后成功把房子哄骗到手。拿到房子之后,小宋立刻就变脸了,对姚女士不闻不问。

朋友们知道小宋年纪轻轻就有三套房子之后,开始带小宋去一些不良场所。一来二去,小宋染上了赌博的恶习,两年时间就把三套房子输光了。最后小宋不仅离了婚,还欠了一身债。由于房子都被小宋卖了,姚女士无处安身,只能借住在姐姐家,靠自己微薄的养老金度日。她非常后悔当初没有听宋先生的话。

专业分析

父母在把财产过户给子女前,应当考虑子女挥霍财产、变脸的风险。

首先,财富不是子女辛苦赚来的,他们可能不会像父母一样珍惜财富。如果子女缺乏理财能力,可能会进行不理性的投资和消费,进而导致财富迅速流失。其次,子女的心理可能会因为拥有大量财产而发生变化。他们一方面不再积极努力奋斗,另一方面也不再像从前一样尊敬、孝顺父母。这可能会导致子女与父母之间出现隔阂,家庭关系破裂。最糟糕的是,父母可能会像本案例中的姚女士一样,陷入老无所依的尴尬境地。

专家建议

虽然父母和子女的关系是世界上最亲密的关系,但是在任何时候,我们都要给自己留有一定的余地,这样才不致陷入老无所依的尴尬境地。

随着年纪增大,有些父母会提前将财产过户给子女。这种做法存在很大的风险,比如父母会失去财富的控制权,难以保障体面的晚年生活。正确的做法是,父母可以先把少量财产过户给子女,把大多数财产掌握在自己的手中,在满足自己的养老需求之后,再通过简单、便捷、确定、纠纷少的方式把财富安全地传承给子女。具体方案详见本书下篇内容。

此外，当父母考虑提前将财产过户给子女时，以下四个建议有助于降低风险和避免潜在问题。

第一，在将财产过户给子女之前，父母应该教育子女树立正确的理财观念和责任意识，让子女明白财产的重要性以及如何正确管理和使用财产。

第二，在财产过户之前，父母可以与子女约定相应条款，比如限制财产的使用范围，以确保财产能够被合理地使用。

第三，在财产过户之后，父母应该多与子女沟通，定期了解财产的使用情况，并给予必要的指导和支持。及时发现问题并采取措施，可以避免潜在的风险。

第四，除直接将财产过户给子女外，父母还可以考虑以其他方式给子女财产，比如购买保险、设立家族信托等。

💡 启示金句

父母提前将财产过户给子女，要考虑失去控制权的风险。

——张含律师

第十讲

传承不是结束，而是新的开始
——财富传承后的管理风险

家族财富传承是一场接力赛。创富者把财富传给子孙，只是完成了第一棒。在此之后，子孙能否接得住，接住后能否管得好，这些都需要系统思考。只有每一棒的使命都顺利完成，家族才能长久繁荣。可见，传承不是结束，而是新的开始。

接下来，我们通过三个案例进行详细分析。

案例二十四：因意外而接班，从兴盛到破产

A集团曾经是某省的知名企业。2003年，在A集团如日中天的时候，其创始人张大被人杀害，年仅46岁。无论是对张大的家人还是对企业来说，这都是一个噩耗。

在发生这样的变故之后，张大的长子小张被紧急推上了台前。小张当时只有23岁，正在外国留学，并没有准备好接班。小张的爷爷本来可以让另一个儿子，也就是小张的叔叔张二接班。张二和张大一样，也是一个非常有管理才能的人，在企业任职多年。但在

张大离世之后，其股权被继承，小张的妈妈掌握了很多的股权。最后，小张的爷爷只好推举孙子小张接班。

虽然小张当时很年轻，却满怀雄心壮志。他上任之后非常勤勉，每天努力工作，学习行业相关知识。他曾在媒体上说，他不能让父亲和家里的长辈们失望，也不能把父亲一辈子辛苦创造的基业糟蹋了。幸运的是，小张刚接手A集团，就赶上了好时候，A集团的资产从40亿元上升到70亿元。小张很快稳定了局面，获得了企业内外的一致认可。

小张在企业站稳脚跟之后，开始排除异己。他用各种各样的方法把企业中一些和他意见不一致的老员工，包括他的叔叔张二，赶出了管理层。此外，在内心里，小张不喜欢父辈从事的行业，他曾在很多场合表示不喜欢该行业。所以，小张在接手A集团几年后，就开始做自己喜欢的业务。

小张对金融很感兴趣，热衷于投资、炒股。有一次，他投资某银行，赚了一大笔钱。在尝到甜头之后，小张开始不断购买各种股票，想复制之前的成功。最终，无一例外都失败了，亏损了很多钱。

后来，市场进入"寒冬"。小张本来就对企业的主营业务不感兴趣，因此慢慢开始疏远核心业务，甚至很少去上班。在疏于管理的情况下，企业各种各样的问题暴露出来。再加上企业出现内斗，一些核心成员纷纷离开，企业的管理十分混乱。

2014年，A集团破产重组。后来，A集团尝试过几次复工复产，但最终都失败了。就这样，小张用11年的时间把父亲一辈子创造的财富败光了。

专业分析

A集团破产有以下七个原因。

（1）接班人太年轻。小张在接手A集团的时候只有23岁，缺乏人生阅历。但由于父亲突发意外去世，小张不得不应急接班，这也是无奈之举。如果可能的话，企业主应尽量让子女在思想和行为相对成熟后再居于高位，这样对企业和子女都有益处。

（2）企业内斗，管理混乱。小张坐稳位置之后，慢慢把自己的叔叔以及一些核心成员都赶出了管理层，结果导致管理混乱。

（3）远离主业。小张接班后想做金融，对企业主营业务不上心。而失去核心业务的企业如同无本之木，经不起风雨的侵袭。

（4）员工中饱私囊。小张不喜欢管理企业，很少去企业巡视，导致企业员工对工作不上心，只为自己谋利，加速了A集团的倒塌。

（5）大环境恶化。2014年，市场进入"寒冬"，A集团的销售收入下降，亏损严重，这也是导致A集团破产的原因。

（6）银行抽贷。墙倒众人推。银行不仅对A集团进行抽贷，还对其供应商进行抽贷。在这种情况下，A集团的资金压力非常大。

（7）财务问题。财务涉嫌造假、企业负债率过高等，也加速了A集团的破产。

💡 专家建议

在案例二十四中,虽然小张顺利继承了财富,但是由于没有管理好,使家族财富遭受了巨大的损失。当然,我们也不能把责任全部推到小张一个人身上,这未免失之偏颇。

真正好的传承,应该尽量降低子女管理财富的难度,从而减少子女犯错的机会,让子女能够管得容易,管得长久。为此,企业主应尽早设计财富传承方案,提高接班人的能力,以规避传承中的风险,实现财富的长期保值和增值,确保家族持续繁荣和发展。以下是一些常见方法。

第一,在财富传承的过程中,企业主应当明确传承目标,比如财富安全、财富增值、长久持有、家庭关系和谐等,这样有助于指导传承策略的制定和实施。

第二,在选择接班人时,企业主不仅要考虑其能力和意愿,还要关注其对企业业务的理解和兴趣。接班人应该具备足够的管理经验和行业知识,以确保企业的稳健发展。

第三,企业主应建立有效的家族治理结构,明确家族成员的权利和责任,规范家族企业的管理和决策流程,这样有助于减少家族内部的纷争和不确定性。

第四,企业主应进行持续的财务规划和管理,比如资产配置、风险管理、税务规划等,以确保财富的安全和增值。

第五,家族成员之间应该加强沟通和合作,建立良好的信任关系,共同维护家族的利益和价值观。

第六,随着外部环境和家族内部的发展需求变化,企业主应及时调整和优化传承计划,以应对新的挑战和机遇。

第七,谁也不知道明天和意外哪个先来,企业主一定要制订多个计划,这样才可以更加从容地应对突发事件。

💡 启示金句

家族财富传承是一场接力赛,每一棒都有自己的使命。

——张含律师

案例二十五:创二代责任大,奢靡生活损斗志

王先生是一家知名汽车制造企业的创始人和董事长。他凭借卓越的商业才能,使企业的汽车销量在国内和东南亚市场取得了可观的成绩。后来,该企业一度成为国内汽车行业的领军企业,王先生也因此成为当地的商业领军人物。

然而,王先生的儿子小王并没有继承父亲的商业才能。尽管他早年曾与父亲一同参与企业的运营,负责销售工作,但对经营家族企业的兴趣不高。小王更喜欢追求奢华的生活,尤其喜欢豪车。他斥巨资购置了多台豪华跑车,拥有兰博基尼、保时捷等名车。

王先生很支持儿子的兴趣和生活方式,还为他购置了一个足球俱乐部。但小王对经营足球俱乐部没有兴趣,继续沉迷于奢华的生活。由于缺乏有效管理和投资策略,该足球俱乐部的业绩逐渐下

滑，给企业带来了巨大的损失。

后来，由于市场竞争激烈和技术创新不足，王先生的企业的汽车销量不断下滑，财务压力越来越大，企业陷入了困境。最终，企业不得不向法院申请破产重组，以应对日益严峻的财务问题。

💡 专业分析

很多企业主在把财富传承给子女的同时，更希望自己一手创立的企业能在子女的手中继续绽放光芒，为家族持续带来收益，甚至成为百年企业。这固然是一种美好的愿望，但现实中真正能做好企业交接班的人并不多。可以说，优秀的管理者是一种稀缺的资源。

把企业管理好并持续在多变的市场中创造利润是一件非常艰难的事，需要管理者同时具备多种能力。虽然财富可以传承，但能力不一定可以传承，也就是说，优秀的管理者不一定能培养出优秀的接班人。而企业传承的复杂性就在于，管理企业的难度极大。同一个企业在优秀管理者手中可能盈利几十亿元，但在平庸或差劲的管理者手中可能亏损几十亿元。

在本案例中，王先生的企业本来就面临诸多问题，比如缺乏核心竞争力、技术创新不足等，这些问题可能导致企业在市场竞争中处于劣势的地位。同时，儿子小王并不具备足够的领导能力和商业头脑，以带领企业应对市场的变化和挑战。王先生希望儿子能够继承并发展企业的愿望没有实现，企业最终衰落和破产。

在把企业传给子女时，企业主通常需要"带三年，帮三年，看三年"。子女不像企业主那样经历过挫折和磨难,所以当企业陷入危机时,子女很难带领企业渡过难关。企业主不要只看到子女站在高位时的风光,更要谋划让子女能长久居于高位的良策。

💡 专家建议

企业主应早早规划企业的传承,对子女进行专业知识、心智性情、为人处世、社会资源等方面的综合培养。如果子女适合接班,那么企业主应制订好接班人计划,做好传承安排,让接班人在自己打下的基础上不断攀登高峰。如果子女不适合接班,则企业主可以把企业交给职业经理人来管理,并做好财富传承架构设计和激励方案,让子女不直接参与企业管理,只享受股权带来的收益。

比如,企业主既可以设立股权家族信托,也可以转让股权以变现,之后设立资金家族信托。设立家族信托之后,投资顾问会帮助企业主打理资产,如果企业主不放心,可以设置保护人或监察人对其进行监督。此外,子女作为信托受益人可以长久、分次领取信托利益,进而能够安稳度过一生。

💡 启示金句

企业主不要只看到子女站在高位时的风光,更要谋划让子女能长久居于高位的良策。

——张含律师

案例二十六：分家析产有规划，正面案例可借鉴

包先生是一位知名企业家，名下有30多家公司，涉及投资、贸易、房地产、酒店、物业、商业广场等领域，资产总值高达20多亿元。包先生和妻子都已经60多岁，身体状况越来越差，他们有两个儿子，所以想在生前就安排好财富传承。

包先生和妻子考虑了两年的时间，决定在他们活着的时候进行分家析产。在这两年里，他们收集、整理信息，询问儿子们的意愿，还请了律师、财务专业人员拟定分家析产协议。到了分家析产的那一天，包先生不仅请了公证机构的公证人员到现场全程录像，还请了家族中的长辈、亲戚共同见证。

在分家析产协议中，包先生把××控股集团及其下属10家公司和众多物业、项目等给了大儿子，把××控股有限公司（名下有近20家公司）、2家投资公司一定的股权等给了小儿子。这是一份考虑非常成熟的分家析产协议，不仅平均分配了财产，还确定了儿子们经营的具体产业。此外，分家析产协议把相关债务也分配清楚了。

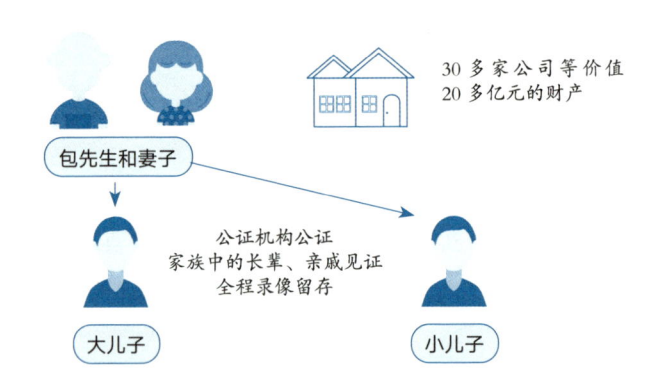

💡 专业分析

包先生一家人的做法给了我们一条财富传承的新思路,那就是我们可以通过分家析产协议来进行财富传承。

首先,分家析产的参与人主要有立约人、主持人、受产人、见证人等。其次,分家析产的内容不仅包括家庭财产,还包括人身关系的处理,比如家庭财产分配、老人赡养、子女抚养等事项。最后,分家析产协议要经过全体家庭成员签字确认。具体来说,在家庭成员对分家析产的内容达成合意后,立约人将分家析产原因、分配原则、父母赡养及子女抚养等事项以书面形式记录下来,由参与人签字确认并保存。

在通常情况下,分家析产协议一般包括以下内容。

(1) 立约人的姓名。立约人就是财产的所有者。

(2) 分家析产的原因和目的。比如,包先生进行分家析产是因为自己和妻子年事已高,想在生前安排好财富传承。此外,有些人之所以分家析产,是为了家庭的长久和谐。

(3) 分割共有财产合意及家庭债务清偿安排。协议要写明有分割财产的共同意思表示,即所有人达成一致意见,同时还要约定债务归谁。

(4) 分割财产细目、所有人姓名。协议要写明分割的财产有哪些,财产归属人的姓名,以及具体的财产信息,比如坐落位置、开户银行、金额等。

(5) 见证人的姓名。协议要写明见证人的姓名和身份证号。

（6）签名并按手印。所有参与人都要在协议上签名并按手印。

（7）立约时间及执行日期。协议要写明签订协议的时间和协议的执行日期。有些财产可能要立刻分割，有些财产可能要等到达成某种条件后才分割。

分家析产协议和遗嘱是不一样的。遗嘱在遗嘱人死亡之后才生效，遗嘱人在生前随时可以订立新的遗嘱，撤销之前的遗嘱。而分家析产协议签订之后，除非有重大误解，或存在显失公平、欺诈、胁迫、乘人之危等情形，否则很难撤销。因此，分家析产可以尽快将责任和权利转移给子女。如果分家析产协议涉及不动产，比如房子，则需要立约人配合办理过户手续。

专家建议

案例二十六的结果很好，但是分家析产这种财富传承方式不一定适用于每个家庭。

首先，在分家析产之前，父母要考虑子女的财富管理能力和婚姻情况。在案例二十六中，包先生的两个儿子都已经年过40岁，性格成熟稳重，有接管家业的能力，且婚姻幸福。然而，因婚姻问题导致财产损失的情况并不少见。因此，父母可以在协议中增加单独的条款，约定财产是子女的个人财产，防止未来子女离婚导致财富外流。但这可能会影响子女的夫妻感情和家庭和谐。

其次，父母也要防范子女的人身意外风险。父母把财产转移到子女的名下之后，可以让子女订立一份遗嘱，以防子女因突发意外导致财产被其他人分走，确保财产回到家族内部。此外，父母自己也要保留一部分财产，以保证在分家后依旧可以过体面、有尊严的养老生活。

综上所述，分家析产只在某些特定情况下才可以使用。在分家析产之后，父母可能会面临财产被分走之后失去权利的失落感，所以，在分家析产之前不仅要考虑家庭的具体情况，还要做好个人权衡。

启示金句

只有做好财富的"给""接""管"，才是完美的财富传承方案。

——张含律师

第十一讲

漂洋过海易，跨境传承难
——跨境传承的重重困难

随着全球经济的一体化，很多高净值人士在海外也配置了资产。有些人的子女则在海外留学，完成学业后直接定居在当地。我们都知道，财富传承有很多麻烦和风险，而跨境传承则更加复杂。不同国家的法律、政策是不一样的，这会给跨境传承带来更多的风险。因此，有跨境传承需求的家庭要提前进行规划。

接下来，我们通过四个案例分析一下跨境传承中的问题。

案例二十七：境外获得的保险金，到底该给谁

陆先生是中国人，两年前被派往美国工作，美国的公司给他买了一份雇主责任险。不幸的是，陆先生在美国工作期间意外死亡了，因此，保险公司支付了 4 万美元的保险金。关于这 4 万美元要如何分割，陆先生的家人产生了争议。

陆先生的这份保险是在美国买的，没有指定受益人。由于没有指定受益人，所以保险金要按照被保险人的遗产由其第一顺序继承

人继承。根据中国的法律，第一顺序继承人包括配偶、子女、父母。陆先生和妻子张女士有一个女儿小陆，他的父母也都在世，因此，这份保险金应该由他们四个人继承。但按照美国的法律，只有配偶和子女有继承权。最后，陆先生的妻子和陆先生的父母因如何分割保险金的问题闹上了法庭。

法院一审判决，4万美元的保险金应当按照中国的法律，由陆先生的妻子、女儿、父母四个人继承，每人分得1万美元。但张女士对这个判决结果并不满意。她觉得保险是美国公司买的，丈夫死在了美国，保险金也是美国的保险公司赔偿的，所以应该按照美国的法律来分割。于是，张女士提起了第二次诉讼。法院二审改判，4万美元的保险金应按照美国的法律，由陆先生的妻子张女士和女儿小陆继承。

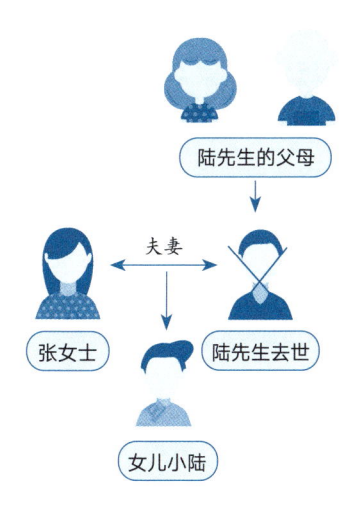

💡 专业分析

很多人认为,在中国法院审理的案件肯定适用中国法律。事实上,某些在中国法院审理的案件可能会适用外国法律。那么,为什么陆先生的保险金会按照美国的法律来分割呢?

在我国现行有效的法律中,关于涉外民事关系有一部专门的法律,那就是《中华人民共和国涉外民事关系法律适用法》(以下简称《法律适用法》)。我们来看一下《法律适用法》的相关规定。

第三十一条 法定继承,适用被继承人死亡时经常居所地法律,但不动产法定继承,适用不动产所在地法律。

根据上述法条的规定,我们可以知道,法定继承应适用被继承人死亡时经常居所地法律。但如果是不动产的法定继承,则适用不动产所在地法律。陆先生死亡时的经常居所地在美国,所涉及的财产非不动产,所以应适用美国的法律。按照美国法律的规定,陆先生的配偶和子女有继承权。因此,该4万美元的保险金应该归属于张女士和小陆。

那么,遗嘱继承适用的法律是怎样的呢?我们来看一下《法律适用法》的相关规定。

第三十二条 遗嘱方式,符合遗嘱人立遗嘱时或者死亡时经常居所地法律、国籍国法律或者遗嘱行为地法律的,遗嘱均为成立。

第三十三条 遗嘱效力，适用遗嘱人立遗嘱时或者死亡时经常居所地法律或者国籍国法律。

根据上述法条的规定，我们可以知道，遗嘱方式适用遗嘱人订立遗嘱时或者死亡时经常居住地法律、国籍国法律或者遗嘱行为地法律。遗嘱效力适用遗嘱人订立遗嘱时或者死亡时经常居所地法律或者国籍国法律。可见，由于遗嘱反映的是遗嘱人传承财富的意志和心愿，立法的宗旨是希望遗嘱尽量生效，所以适用的法律比较多。

专家建议

跨境传承存在是适用中国法律还是适用外国法律的问题。由于中国法律和外国法律存在较大的差异，可能导致财富不能如愿传承。因此，有涉外因素的家庭在进行财富传承时，需要了解中国和所涉及的其他国家的法律规定。

《法律适用法》对婚姻家庭、继承、物权等的法律适用的规定非常细致，非专业人士很难弄清楚。因此，我们可以寻求涉外法律专家的帮助。

启示金句

涉外家庭考虑多，传承亟须早规划。

——张含律师

案例二十八：中国子女继承境外遗产的困难

小李成长于一个单亲家庭，从小由父亲李先生抚养长大。李先生在外企工作，经常需要出国。在一次公务中，李先生认识了一位来自澳大利亚的女士，后来与她结婚，并移民到了澳大利亚。小李因为看好国内的发展前景，所以选择留在国内发展。在父亲移民后，小李和父亲一直保持着良好的关系，且经常走动。后来，小李的澳籍继母去世了，但李先生因为已经习惯了澳大利亚的生活，并且需要打理在澳大利亚的财产，所以没有回国。

生活总是充满变数。有一天，小李接到了一个突如其来的消息：父亲因突发疾病不幸去世。这让小李陷入了深深的悲痛之中。在悲伤之余，小李也意识到，父亲留下的遗产需要尽快处理。小李知道父亲在澳大利亚有一些房产，还持有一些市值不菲的股票，以及银行存款。

专业分析

跨国继承也需要办理相应的手续，而且手续更加烦琐。中国公民继承境外的遗产主要有两种方式：非诉途径和诉讼途径。非诉途径一般是指公证继承。如果遗产所在国与我国订立了相关国际条约，继承人可以参照以下公证继承程序。

首先，在申请公证继承之前，继承人要先查明遗产状况。比如，遗产有哪些，位于何处，哪些属于动产，哪些属于不动产，等等。在调查时，继承人可以请求我国驻遗产所在地的使领馆予以帮助，或委托中国银行、当地的律师、华侨团体、亲友、相关机构进行查询。

其次，继承人需要先在我国的公证机关申请办理涉外继承公证，然后到遗产所在国的驻华使领馆进行认证。经过认证之后，继承人可以持公证书到遗产所在地的公证机关申请办理继承权证明书。取得证明书后，继承人就可以到相应的遗产保管或管理部门，办理继承及权属转移等相关事项。此外，如果遗产所在地需征收遗产税，继承人还需要先申报、缴纳相关的遗产税。

如果继承人选择诉讼途径，则不动产和动产的处理方式是有区别的。根据《法律适用法》的规定，法定继承适用被继承人死亡时经常居所地法律，但若是不动产法定继承，则适用不动产所在地法律。也就是说，当遗产为不动产时，若不动产在境外，则由境外法院管辖，并适用境外法律；当遗产为动产时，若被继承人死亡时经常居所地在境外，则由境外法院管辖，并适用境外法律。具体来说，继承人要向遗产所在地的法院申请继承遗产，法院在审查确认后，开具合法领取和处分遗产的权利证明。继承人或其指定的遗产执行人，凭此证明领取和处分遗产。这个过程可能要数年之久。

无论采用哪种方式继承境外遗产，继承人都需要提交各种材料，比如申请人的身份证明、被继承人的死亡证明、继承权公证书等。如果继承人无法跑到国外办理全部手续，则需要委托一些人处理，而委托书也需要公证。如果涉及婚姻关系，继承人还要提供结婚证明、出生证明等材料。如果继承人放弃继承，则要提供放弃继承权的证明。以上大多数材料要经过使领馆认证。

💡 专家建议

继承境外遗产不仅手续烦琐，还面临着法律上的挑战，因此我们需要提早准备，进行专业的规划。一方面，涉及跨国继承的继承人最好在被继承人去世之前了解清楚境外的继承法规和流程，列明财产清单，并准备好相应的材料，免得在被继承人离世后陷入慌乱。另一方面，继承人可以寻求专业的律师或机构帮助，减少继承过程中的困难，确保能够顺利地继承遗产。

💡 启示金句

拥有财富的时候，就应该想好未来如何传承它。

——张含律师

案例二十九：外籍身份子女继承中国遗产的困难

王先生是一位成功的企业家，在北京拥有一家知名的制造企业。他一生勤奋，积累了可观的财富。除了企业股权，王先生在中国和海外还拥有多处房产、存款以及其他金融资产。王先生的妻子去世得早，所以他一直独自抚养儿子小王。小王聪明好学，成年后移居海外，并取得了美国国籍，成为华尔街的一位金融分析师。

晚年时候,王先生的身体逐渐衰弱,最终因病去世。在王先生去世后,小王要继承父亲留下的庞大遗产。王先生主要有以下遗产:第一,王先生是一家制造企业的控股股东,持有该企业60%的股权;第二,王先生在北京、上海分别拥有多处房产;第三,王先生的名下有大量国内外的银行存款、股票、债券等金融资产。然而,拥有美国国籍的小王在继承这些遗产时,遇到了诸多复杂的问题。

专业分析

在中国,一些资产的取得和持有是有限制的,并不是所有资产都可以无条件被继承。

在本案例中,小王已经取得了外国国籍,而他的父亲王先生是中国的企业家,所以在王先生去世之后,小王可能无法继承父亲的股权。在中国,内资和外资是区分开的。中国的有些行业是不允许外资进入的,所以,如果王先生控股的企业所在的行业限制或禁止外资进入,那么小王很可能无法顺利继承王先生的股权。另外,如果王先生公司的章程中明确规定限制外籍人士成为公司股东,或者限制继承人继承股东资格,那么小王也无法成为公司股东。

在房产继承方面,外籍身份子女可以继承中国父母的房产,但需要准备一系列材料。首先,继承人需要向居住国的公证机关申办公证书,证明自己的职业、住址以及和被继承人的关系。以上所有公证材料都需要经过中国驻该国使领馆的认证。其次,继承人还要提供被继承人的死亡证明、遗嘱等材料。最后,凑齐这些材料之后，继承人才能到房产所在地的公证机关办理继承手续。如果继承人觉得手续麻烦，也可以向房产所在地的法院起诉，通过法院判决的方式来继承房产。不过，涉外诉讼通常比较麻烦。

如果外籍身份子女想继承中国父母在境内留下的存款、债券、保单等金融资产，也需要办理复杂的手续。具体材料包括：第一，被继承人的死亡证明、身份证明；第二，继承人的身份证明；第三，继承人与被继承人的关系证明，比如结婚证、出生证；第四，遗产权利凭证，比如股权证明、存款证明、保单等；第五，如果有遗嘱，要提交遗嘱以及继承人对遗嘱的确认文件，而且遗嘱需要经过其他继承人的认可，没有争议才可以继续履行接下来的手续；第六，如果有继承人放弃继承，需要提交放弃继承的声明书；第七，如果继承人不能亲自来中国办理，应提交相应的授权文件，并且授权文件应当进行公证。

如果继承人长期居住在国外，可以通过合法的途径把继承的遗产带出境。我国对外汇是有管制的，每人每年可以享受5万美元的便利额度。如果超过5万美元额度，则需要申请继承遗产转移。在办理继承遗产转移之后，继承人可以通过指定银行办理购付汇业务，从而把继承的遗产带出境。

需要注意的是，在办理继承遗产转移时，继承人应是已经加入外国国籍的人，或香港特别行政区、澳门特别行政区、台湾地区的居民。继承人要去被继承人生前户籍所在地的国家外汇管理局的分支局申请。此外，同一被继承人遗产的继承财产转移只能申请一次。因此，继承人需要将被继承人留下的遗产汇总后申请，进而选择一次或分次汇出。

💡 专家建议

外籍身份子女继承中国父母的遗产会涉及法律、税务、外汇等各种问题，是一个异常复杂的过程。因此，有这种需求的家庭，在继承发生之前，一定要先了解相关的法律和政策；在继承发生之后，要详细了解相关继承程序及其操作方法，以确保继承顺利完成。

此外，有这种需求的家庭可以借助信托、保险、婚内协议、遗嘱、公司章程等工具，提前规划财富传承，从而避免跨境传承带来的风险。

💡 启示金句

飘洋过海易，跨境传承难。一定要提前做好规划。

——张含律师

案例三十：境外继承成本高，遗产税费砍一刀

王先生和父亲都是中国人，而且常住在中国。王先生的父亲是一位民营企业家，身家不菲，且非常喜欢在美国买房。自 2009 年起，王先生的父亲以自己的名义在美国各地购置了 20 套别墅。其

中，加利福尼亚州10套，夏威夷州6套，纽约州2套，马萨诸塞州2套。

后来，王先生的父亲生意失败了，整个家庭的生活变得艰难。屋漏偏逢连夜雨。在破产的打击下，王先生的父亲一病不起，不久因病去世了。王先生想到，父亲之前在美国购置了20套别墅，于是他飞到美国，打算继承这笔丰厚的遗产。

但是，到了美国的王先生在得知房子的情况之后十分震惊。美国法律规定，房产所有人需要定期缴纳房产税。王先生的父亲在纽约州的2套别墅和马萨诸塞州的2套别墅因为欠缴房产税，且常年无人打理，已经被当地政府拍卖了。

虽然有4套别墅被拍卖了，但王先生还可以继承剩下的16套别墅。可王先生在了解了美国的继承法规之后，崩溃了。因为王先生的父亲不是美国公民，所以王先生若要继承房产，就要缴纳高额的遗产税。王先生家根本拿不出这么多现金。

专业分析

除了法律适用问题和继承手续问题，跨境继承通常还会面临税务风险。不同国家的税制结构是不一样的，有的税中国有，其他国家没有；有的税中国没有，其他国家有。此外，不同税种的税率和征收范围也不一样。

众所周知，美国存在遗产税和赠与税。遗产税适用于人去世后的遗产。对于超过免税额的部分，继承人要按照18%～40%的超额累进税率缴纳遗产税。赠与税适用于生前将资产赠与家庭成员的情况，税率与遗产税相同。此外，针对隔代传承的情况，美国还有隔代转移税。

美国的遗产税是有免征额的，只有超过免征额的部分才需缴纳遗产税。但对于美国税务居民和非美国税务居民，免征额是有区别的。对于美国税务居民，免征额很高（超过 1000 万美元），具体数字每年会有所变化。但对于非美国税务居民，免征额只有 6 万美元。也就是说，非美国税务居民的遗产只要超过 6 万美元，其继承人就要缴纳遗产税。由于王先生的父亲为非美国税务居民，那 16 套别墅的价值肯定超过了免征额，因此王先生要缴纳巨额的遗产税。

专家建议

大多数人想拥有自己的房子，在海外置业的人也很多。但是，在海外置业有很多风险。比如，有的人选择在海外置业，结果付款几年了，不仅房子没有交付，房地产公司也破产了，最后不得不进行复杂的涉外诉讼。因此，我们想在海外置业，需要认真考虑政治因素、法律制度、税收制度、汇率波动和信息不对称等风险，综合评估后再做决定，切勿冲动。

在案例三十中，王先生的父亲在海外置业时欠缺考虑，只是简单地将房子登记在自己的名下，结果导致传承时出现了巨额税费。因此，在海外置业时，我们要慎重考虑谁来持有房产。比如，在美国置业时，我们可以将房产装入信托，通过信托架构设计来实现免缴或少缴遗产税的目的。

此外，在做海外资产配置时，我们不应把所有财产都放在房产上。我们可以通过中国的保险、公证遗嘱、家族信托等工具来实现巧妙的财富传承安排，以保障自己家庭成员的生活。

启示金句

海外置业风险多，综合考虑免掉"坑"。

——张含律师

下篇

6种工具化解财富传承担忧

在本书上篇中，我们通过案例详细分析了因为无财富传承规划而引发的各种风险，但比发现问题更重要的是解决问题。因此，本书下篇将详细讲解常见的财富传承工具，包括赠与、遗嘱、遗赠、遗赠扶养协议、保险、信托等，以帮助大家规避风险、解决问题。

需要强调的是，财富传承需要制定系统的方案，即单一工具无法解决所有问题，需要综合使用多种工具才能达成心愿。如果大家力有不逮，最好咨询专业的财富传承规划师，来为自己量身定制系统的方案。

总之，财富传承是我们人生的必修课，希望每个人都能在传承"考试"中取得满分。

第十二讲

赠与：实现生前财富传承

一、赠与的定义

赠与常见于长辈与晚辈之间、夫妻之间、朋友之间，是生活中一种常见的法律关系。同时，它也是日常生活中最常见的财产分配方式之一。

《民法典》第六百五十七条规定："赠与合同是赠与人将自己的财产无偿给予受赠人，受赠人表示接受赠与的合同。"通常情况下，赠与人会在生前自主完成赠与财产的转让和交付。在赠与完成之后，财产所有权属于新所有人，原所有人不再享有权利。

需要注意的是，根据《民法典》第六百五十九条的规定，"赠与的财产依法需要办理登记或者其他手续的，应当办理有关手续"。也就是说，对于需要登记过户的财产，在财产变更登记后，赠与才算完成。比如，如果父母想将房产赠与子女，那么就要去不动产登记服务中心办理过户手续，才能完成赠与。

二、通过赠与传承财富的优点和缺点

在实践中，赠与是很多人比较青睐的一种财富传承工具，因为它有以下三个优点。

（1）实现精准的定向传承。通过赠与，赠与人可以直接把财富赠给自己想给的人，实现个人的传承心愿。

（2）在赠与人生前解决财产分配问题。通过赠与，赠与人不仅可以避免自己突发意外情况，比如突然死亡、失能等给家人造成慌乱，也可以避免财产未经梳理、流失或被人窃取的风险。

（3）避免子女因争夺财产而发生纷争。通过赠与，赠与人可以直接将财产赠给自己想给的子女，提前做好传承安排，避免子女争夺财产。这种方式很适合子女多的家庭、重组家庭、有非婚生子女的家庭。

但是，从财富传承的角度来看，赠与有以下六个缺点。

（1）失去控制权。一旦赠与完成，赠与人就对财产失去了控制权，受赠人可以任意处分财产。

（2）侵占、挪用风险。如果受赠人是未成年人，其受赠财产可能会被其监护人侵占、挪用。

（3）财产受损。如果受赠人的财产管理能力比较弱，比如挥霍财产、进行不当的投资，则会导致财产受损。

（4）老无所依的风险。如果受赠人为不孝子女，则赠与人可能会有老无所依的风险。

（5）婚姻风险。如果受赠人的婚姻不稳定，则受赠财产可能会因为婚姻风险而流失。

（6）债务风险。如果受赠人有债务风险，则受赠财产可能会因为债务风险而被执行。

三、签订了赠与合同可以反悔吗

在特定情况下，赠与人可以撤销赠与。赠与的撤销包括任意撤销和法定撤销。

1. 赠与的任意撤销

赠与的任意撤销，指的是在赠与合同成立后、赠与财产的权利转移前，赠与人可以自行决定撤销赠与。通俗地说，就是在交付赠与财产之前，赠与人随时可以反悔。因为赠与是无偿的行为，所以法律允许赠与人在某些情况下撤销赠与，以确保公允性。然而，赠与的任意撤销也有一些限制。我们来看一下《民法典》对此的规定。

第六百五十八条　赠与人在赠与财产的权利转移之前可以撤销赠与。

经过公证的赠与合同或者依法不得撤销的具有救灾、扶贫、助残等公益、道德义务性质的赠与合同，不适用前款规定。

根据上述法条的规定，我们可以知道，对于以下三种情况，赠与人不能任意撤销赠与。

（1）在财产的权利已转移的情况下，赠与人不能任意撤销。这是因为赠与行为已经发生，财产所有权已经属于受赠人。如果部分财产已经交付给受赠人，并转移了权利，任意撤销仅适用于未交付的部分财产。

（2）经过公证的赠与合同不能任意撤销。公证表明赠与意愿已经经过慎重考虑，因此经过公证的赠与合同不能任意撤销。

（3）具有社会公益或道德义务性质的赠与合同不能任意撤销。比如，以救灾、扶贫、助学等为目的的赠与，以及涉及道德义务的赠与，无论是否经过公证，均不能任意撤销。

2. 赠与的法定撤销

赠与的法定撤销，是指在法律规定的特定情形下，赠与人或其继承人、法定代理人可以撤销赠与。法定撤销不同于任意撤销，必须满足一定的条件。我们来看一下《民法典》的相关规定。

第六百六十三条　受赠人有下列情形之一的，赠与人可以撤销赠与：

（一）严重侵害赠与人或者赠与人近亲属的合法权益；

（二）对赠与人有扶养义务而不履行；

（三）不履行赠与合同约定的义务。

赠与人的撤销权，自知道或者应当知道撤销事由之日起一年内行使。

根据上述法条的规定，我们可以看出，在以下三种情形下，赠与人可以撤销赠与。

（1）受赠人严重侵害赠与人或其近亲属的合法权益。受赠人的侵害行为必须是严重的，且侵害对象为赠与人或其近亲属，赠与人才可以撤销赠与。

（2）受赠人不履行对赠与人的扶养义务。如果受赠人对赠与人有扶养义务，并且有扶养能力，却不履行扶养义务，赠与人可以撤销赠与。

（3）受赠人不履行赠与合同约定的义务。在赠与财产交付后，如果受赠人不履行合同中约定的义务，赠与人可以撤销赠与。

此外，《民法典》还赋予了赠与人"穷困抗辩权"。我们来看一下。

第六百六十六条 赠与人的经济状况显著恶化，严重影响其生产经营或者家庭生活的，可以不再履行赠与义务。

根据上述法条的规定，如果赠与人的经济状况显著恶化，严重影响了其生产经营或家庭生活，那么赠与人可以不再履行赠与义务。这是法律从人道主义出发，基于公平原则作出的考量。但是，"穷困抗辩权"仅能主张不再履行未交付的财产的赠与义务。也就是说，对于已经赠与完毕的财产，赠与人无法主张撤销，而对于未赠与的部分财产，赠与人可以不再赠与。

3. 撤销权的行使

根据《民法典》第六百六十三条的规定，赠与人应在自知道或应当知道撤销事由之日起一年内行使撤销权，否则将无法撤销赠与。除了赠与人，赠与人的继承人或法定代理人也可以行使撤销权。我们来看一下《民法典》的相关规定。

第六百六十四条　因受赠人的违法行为致使赠与人死亡或者丧失民事行为能力的，赠与人的继承人或者法定代理人可以撤销赠与。

赠与人的继承人或者法定代理人的撤销权，自知道或者应当知道撤销事由之日起六个月内行使。

第六百六十五条　撤销权人撤销赠与的，可以向受赠人请求返还赠与的财产。

根据上述法条的规定，如果受赠人违反法律规定，致使赠与人死亡或丧失民事行为能力，赠与人的继承人或法定代理人可以撤销赠与。需要注意的是，赠与人的继承人或法定代理人应在自知道或应当知道撤销事由之日起六个月内行使撤销权。

上述的期间属于除斥期间，即法律对某种权利所预定的行使期间，不存在中止、中断和延长的问题。也就是说，赠与人或其继承人、法定代理人必须在法律规定的时间内行使撤销权，逾期则权利消灭。

一旦行使撤销权，赠与关系即解除。对于未交付的财产，赠与人可以拒绝交付；对于已交付的财产，赠与人或其继承人、法定代理人可以要求受赠人返还。

四、适合用赠与传承财富的五种情形

由于赠与本身有一定的局限性,所以它并不是一个万能的传承工具。对于以下情形,适合使用赠与这种方式来做生前财富传承。

(1)受赠人已经成年。赠与人不用担心受赠财产被受赠人的监护人侵占、挪用,保证赠与财产真正让受赠人获益。

(2)受赠人的财产管理能力较强。受赠人在获得财产后不会随意处分财产,从而导致财富流失。这一般要求受赠人达到一定的年纪,具备成熟稳重的心智和一定的专业能力。

(3)赠与人与受赠人之间的关系比较和谐稳定。在赠与完成之后,赠与人不用担心受赠人会不尊重或不孝顺自己。

(4)受赠人的婚姻状况相对稳定。根据《民法典》的相关规定,婚后受赠的财产默认为受赠人的夫妻共同财产,除非赠与合同中单独指定给受赠人个人。因此,如果赠与人只想把财产给受赠人个人,那么在赠与时就要在赠与合同中写明,财产只给受赠人一人,是其个人财产,避免财产在受赠人发生婚变时流失。赠与人和受赠人在签署赠与合同时,不需要受赠人的配偶参与,因此不必担心单独赠与会影响受赠人的夫妻感情。赠与合同不经公证即可生效,当然也可以到公证处进行公证,以保证赠与合同的法律效力。

尽管如此,后续受赠人在处分受赠财产时,依旧容易将其混同为夫妻共同财产,尤其是现金类资产。因此,为了避免受赠财产流失,受赠人的婚姻状况最好相对稳定。

(5)受赠人的债务风险较低。受赠人从事的职业一般应不容易欠债，这样赠与人不用担心赠与财产成为受赠人的责任财产后，会因受赠人的债务问题而被执行。

总之，赠与人在赠与财产之前一定要深思熟虑，因为一旦完成赠与，赠与人就丧失了对赠与财产的掌控权。此外，赠与人不要在生前将大量财产转移给受赠人，一定要为自己保留充足的养老资金。俗话说："手中有粮，心中不慌。"只有自己有钱，晚年才能生活得有尊严。

五、房产赠与要注意过户手续和税费问题

在现实生活中，房产是最常见的赠与财产之一。首先，房产赠与在办理过户手续后才会生效。其次，在赠与房产时，还需要注意税费成本的问题。在实践中，有些父母为了少缴一些税费，会选择"名为买卖，实为赠与"的方式，把房子过户给子女。但这种方式不一定会减少税费成本。

在我国，房产赠与和买卖涉及多种复杂的税费，比如契税、增值税、个人所得税等。房产的情况也各有不同，比如是否为公房，是否在受赠后短期内有出售计划，是否"满二唯一"或"满五唯一"，面积是否超过普通住宅，等等。不同种类的房产的税费标准也不同。此外，各城市的税费执行标准也不一样，而且会随着时间发生变化。因此，在赠与房产时，赠与人可以咨询专业的房产中介，评估买卖和赠与这两种过户方式的成本，最后综合选择合适的过户方式。

第十三讲

遗嘱：财富传承的兜底工具

一、遗嘱的定义

遗嘱是指自然人生前对自己合法所有的财产进行处分，并在其死亡时发生法律效力的一种单方民事法律行为。由于遗嘱是单方民事法律行为，所以遗嘱由遗嘱人一个人的意思表示决定，无须征得其他人同意即可生效。遗嘱继承是指继承人依照被继承人生前所立的合法有效的遗嘱进行继承。遗嘱继承充分体现了被继承人的意思自由与处分自由，与法定继承相区别，并优先于法定继承。

二、避免遗嘱无效的五个要点

由于遗嘱是在遗嘱人去世之后才生效的，为了保障遗嘱人的真实意愿能够实现，法律对遗嘱的有效要件作出了严苛的规定。一份有效的遗嘱必须满足以下五个要点。

1. 遗嘱人在订立遗嘱时必须具有完全民事行为能力

根据《民法典》第一千一百四十三条的规定，"无民事行为能力人或者限制民事行为能力人所立的遗嘱无效"。如果遗嘱人在订立遗嘱时，为无民事行为能力人或限制民事行为能力人，即使后来具有了完全民事行为能力，其当时所立的遗嘱也仍然无效。相反，如果遗嘱人在订立遗嘱时具有完全民事行为能力，即使后来成为无民事行为能力人或限制民事行为能力人，也不影响遗嘱的效力。

遗嘱人在订立遗嘱时是否具有完全民事行为能力，主要从以下两个方面考量：第一，遗嘱人必须达到法定年龄，通常情况下，未成年人立的遗嘱是无效的；第二，遗嘱人必须意识清晰，不能辨认或不能完全辨认自己行为的成年人，所立的遗嘱无效。

2. 遗嘱必须是遗嘱人的真实意思表示

根据《民法典》第一千一百四十三条的规定，"受欺诈、胁迫所立的遗嘱无效；伪造的遗嘱无效；遗嘱被篡改的，篡改的内容无效"。

3. 遗嘱的形式和内容必须合法

遗嘱必须符合法律规定的形式要件。《民法典》对自书遗嘱、代书遗嘱、打印遗嘱、录音录像遗嘱、口头遗嘱和公证遗嘱的形式要求做了详细规定。具体分析详见本书上篇第七讲，此不赘述。此外，遗嘱所处分的财产必须是遗嘱人个人所有的合法财产。如果遗嘱人处分的是国家、集体或他人所有的财产，则该部分内容无效。

4. 遗嘱的内容不得违反社会公德和损害公共利益

这是基于法律和道德的综合考量。虽然公民拥有处分财产的权利，但同时也要承担社会责任。遗嘱作为财产分配的指示，其内容不能损害社会的整体利益，不能扰乱公共秩序。违反社会公德和损害公共利益的遗嘱可能会因影响社会稳定和社会公正而被认定为无效。因此，遗嘱人在订立遗嘱时一定不要违背社会公序良俗。

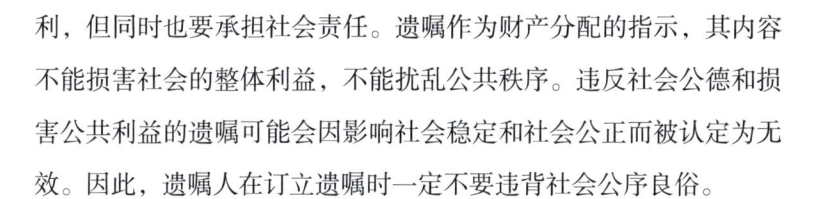

5. 遗嘱的见证人不得违反法律的限制性规定

不是所有人都能作为遗嘱的见证人。根据《民法典》第一千一百四十条的规定，无民事行为能力人、限制民事行为能力人不具有见证能力，因此不能作为见证人。继承人、受遗赠人，以及与他们有利害关系的人，比如其债权人、债务人、共同经营的合伙人等，也不能作为见证人。因为法律有理由合理怀疑他们可能存在不公正、不公平的嫌疑。

三、实现传承心愿的前提：正确认识遗嘱的利与弊

和赠与一样，遗嘱也不是一个万能的传承工具，它也有自己的优点和缺点。遗嘱人要想实现自己的传承心愿，就要提前了解遗嘱的利与弊。接下来，我们来看一下。

1. 优点

（1）实现财富传承心愿。遗嘱最大的优点是能够实现遗嘱人的财富传承心愿。比如，遗嘱人有多个法定继承人，但不想平均分配财产，想多给某个继承人一些财产，或者只想把财产给子女个人，不想让财产成为子女的夫妻共同财产，那么就可以在遗嘱中写明，让财富按照自己的心愿进行传承。

（2）订立便捷。自书遗嘱可以由遗嘱人自行书写，无须任何人协助即可生效，方便快捷。如果遗嘱人觉得自己不够专业、严谨，但又想确保遗嘱的效力，可以请专业的法律服务机构或律师团队协助。

（3）可以作为兜底工具。遗嘱可以对所有类型的财产进行安排，适合作为财富传承的兜底工具。

（4）可以作为财产清单。在现实生活中，很多人并不清楚父母有哪些财产，以及财产存放在哪里。因此，父母可以在遗嘱中清楚地列出财产的类型和数额，以免子女在继承时遗漏财产。

（5）情感寄托。自书遗嘱中遗嘱人亲笔书写的文字、录音录像遗嘱中遗嘱人的音容笑貌，会激起继承人的缅怀思念之情。

2. 缺点

（1）流程复杂，耗费时间、精力和金钱。虽然遗嘱能够表明遗嘱人的财富传承心愿，但并不能简化继承的流程。也就是说，即便有遗嘱，继承人大多数情况下也要办理继承公证。如果继承人无法凑齐继承公证的材料，或对遗嘱有异议，可能就要去法院打官司。打官司和办理继承公证都是收费的。而且，继承公证是按照财产标的来收费的，即遗产越多，收取的费用越高。所以，遗嘱继承也会耗费继承人的时间、精力和金钱。

继承人可以提前准备好被继承人的身份证明、关系证明等相关材料，以防老人突然离世，自己在短时间内难以集齐相关材料。

（2）容易引起纠纷。如果继承人无法集齐继承公证的材料，或对遗嘱有异议，觉得遗嘱不公平，可能就要去法院打官司。至亲对簿公堂必然会对家庭和谐产生一定的影响，可能导致家庭成员之间的关系紧张，甚至关系破裂。因此，遗嘱人在订立遗嘱时要慎重考虑遗嘱内容，避免遗嘱对家庭关系产生负面的影响。

（3）遗嘱容易无效。我们在前文讲过，遗嘱有很多种形式，且每种形式都有各自的要求。如果遗嘱人不了解相关的法律知识或忽视了某个细节，就很容易导致遗嘱无效。结果，遗嘱无法发挥作用，财富也无法按照遗嘱人的心愿传承。因此，遗嘱人最好到公证处订立公证遗嘱，或者咨询专业的律师。

（4）无法隔离债务。根据《民法典》的规定，无论是遗嘱继承还是法定继承，继承人都要在继承的遗产范围之内偿还被继承人生前所欠的债务。也就是说，遗嘱没有隔离被继承人的债务的功能。比如，有的企业主生前欠了巨额债务，为了不替企业主偿还债务，其继承人不得不放弃继承遗产。现实中这样的案例比比皆是。因此，遗嘱人应搭配其他传承工具，通过不同的架构设计对个人债务进行有效隔离，以保障家族财富的传承。

（5）无法把控继承人处置遗产的方式。把财富给到想给的人并不是财富传承的终点。财富在家族中长久、稳定地留存，持续给继承人创造幸福，才是财富传承真正的目的。因此，虽然被继承人可以在生前通过遗嘱掌控财产的分配情况，但是无法把控身后继承人处置遗产的方式。如果继承人缺乏财富管理能力，可能会挥霍所继承的遗产。如果继承人是未成年人，其监护人可能会侵占或挪用本该属于未成年继承人的遗产。这些都是被继承人无法干预和阻止的。

四、适合遗嘱继承的三种情形

由于遗嘱自身有一定的不足之处,所以并不能满足所有的财富传承需求。以下三种情形适合通过订立遗嘱来传承财富。

(1)家庭成员关系和睦,没有利益冲突。这样,遗嘱可以顺利被执行,不会因为继承过程中的意见分歧而引发家庭矛盾,确保遗嘱人的财产分配意愿可以实现。

(2)遗产的种类和数量明确,且易于分割。比如,遗产为房产、车辆、存款、股权、基金、收藏品等。遗嘱人可以清楚列出每项财产及其归属,减少继承过程中的不确定性。

(3)遗嘱人想实现特殊安排。如果遗嘱人希望排除某位法定继承人,或希望继承人继承的财产为其个人财产,就可以在遗嘱中明确说明,把财产留给自己想给的人,并作为其个人财产。

任何传承工具都不是完美的,并且也无法解决所有问题。所以,我们不能仅使用单一工具进行财富传承,尤其是在家庭关系复杂、继承程序复杂、债务负担重等情况下,遗嘱可能无法完全解决问题。因此,我们需要结合信托、保险等其他工具,进行更全面的财富传承规划。

五、遗嘱继承中常见的八个问题

遗嘱继承的过程往往不是一帆风顺的,会有一些波折。要想让自己的继承人顺利地得到财富,我们就要提前了解遗嘱继承中常见的一些问题，然后防患于未然。以下八个问题在遗嘱继承中经常出现。

（1）遗嘱无效。订立遗嘱时有许多事项需要注意，遗嘱人稍有疏忽，就可能导致遗嘱无效。比如，遗嘱人未亲自书写自书遗嘱的全文，代书遗嘱无见证人签字，见证人不符合法律规定的要求，等等。

（2）遗嘱内容不明确或有歧义。比如，遗嘱中未明确具体财产及其归属，可能会导致继承人之间出现纠纷；遗嘱内容用词含糊、不清不楚，容易引发继承纠纷。

（3）遗嘱内容违反法律或违背社会公序良俗。遗嘱只能处分遗嘱人的财产，不能处分其他人的财产。遗嘱内容也不得违反社会公德或损害公共利益。

（4）遗嘱人的民事行为能力问题。如果继承人对遗嘱人在订立遗嘱时的行为能力提出疑问，且提供了充分的证据，那么遗嘱可能会被法院认定为无效。

（5）遗嘱被篡改或伪造。遗嘱内容若被人篡改，则篡改的部分无效。伪造的遗嘱也没有法律效力。继承人需要通过协商或诉讼来解决财产分配问题。

（6）遗嘱执行问题。如果家庭成员的关系紧张、复杂，遗嘱非但不能缓和继承人之间的利益冲突，还会引发更大的矛盾。如果继承人对遗嘱的分配方案不满，就可能会提起诉讼。

（7）被继承人的债务问题。如果被继承人生前有债务，那么继承人可能需要承担被继承人的债务。继承遗产的净值会因债务负担而大幅降低,影响继承人的利益。

(8)继承手续复杂。遗嘱只能明确被继承人的意愿,不能简化继承手续。若存在遗嘱中未提及的家庭成员或财产情况,可能会导致遗产处理复杂化。

以上这些问题在遗嘱继承的过程中较为常见。遗嘱人在订立遗嘱时应遵守法律规定,明确遗嘱内容,必要时可以寻求专业人士的帮助,以确保遗嘱的合法性和有效性。同时,继承人也应该依法合理解决遗嘱继承中出现的争议和问题。

六、遗产管理人制度解析

(一)什么是遗产管理人

遗产管理人是对被继承人的遗产进行妥善保存和管理分配的人。我们来看一下《民法典》的相关规定。

第一千一百四十五条 继承开始后,遗嘱执行人为遗产管理人;没有遗嘱执行人的,继承人应当及时推选遗产管理人;继承人未推选的,由继承人共同担任遗产管理人;没有继承人或者继承人均放弃继承的,由被继承人生前住所地的民政部门或者村民委员会担任遗产管理人。

第一千一百四十六条 对遗产管理人的确定有争议的,利害关系人可以向人民法院申请指定遗产管理人。

根据上述法条的规定,在继承开始后,遗产管理人的人选应按以下顺序确定。

(1)如果被继承人在遗嘱中指定了遗嘱执行人,则遗嘱执行人为遗产管理人。遗嘱执行人既可以指定一人,也可以指定数人;既可以是自然人,也可以是法人;既可以是法定继承人,也可以是法定继承人以外的人。

(2)如果被继承人没有指定遗嘱执行人,则其继承人为遗产管理人。如果继承人有多人,应当及时推选遗产管理人。需要注意的是,遗产管理人只能在有继承权的继承人中推选。

(3)如果继承人未推选遗产管理人,则全体继承人共同担任遗产管理人。这时,遗产管理人可能有数人。如果遗产管理人在履行职责时意见不统一,应以少数服从多数的原则来决定遗产管理事项。

(4)如果没有继承人,或继承人放弃继承,应由被继承人生前所在地的民政部门或村民委员会担任遗产管理人。

(5)如果对遗产管理人的人选有争议,利害关系人可以向遗产所在地的人民法院申请指定遗产管理人。

(二)遗产管理人的职责

《民法典》对遗产管理人的职责作出了详细的规定。我们来看一下。

第一千一百四十七条 遗产管理人应当履行下列职责：

（一）清理遗产并制作遗产清单；

（二）向继承人报告遗产情况；

（三）采取必要措施防止遗产毁损、灭失；

（四）处理被继承人的债权债务；

（五）按照遗嘱或者依照法律规定分割遗产；

（六）实施与管理遗产有关的其他必要行为。

遗产管理人在履行上述职责时，有权利获取相应的报酬。《民法典》对此做了规定。

第一千一百四十九条 遗产管理人可以依照法律规定或者按照约定获得报酬。

此外，遗产管理人在履行职责时，不能损害相关权利人的利益，否则要依法承担相应的责任。我们来看一下《民法典》的相关规定。

第一千一百四十八条 遗产管理人应当依法履行职责，因故意或者重大过失造成继承人、受遗赠人、债权人损害的，应当承担民事责任。

根据上述法条的规定，在满足以下两个条件时，遗产管理人要承担民事责任。第一，遗产管理人违反了法定职责，损害了继承人、受遗赠人或债权人的利益；第二，遗产管理人的行为存在故意或重大过失。由此可见，遗产管理人要承担的民事责任属于侵权责任，而非违约责任。因此，当遗产管理人侵权时，继承人、受遗赠人或债权人有权请求其承担损害赔偿责任，也可以向法院申请撤销其遗产管理人资格，并指定新的遗产管理人。《中华人民共和国民事诉讼法》（以下简称《民事诉讼法》）的相关规定如下。

第一百九十七条　遗产管理人违反遗产管理职责，严重侵害继承人、受遗赠人或者债权人合法权益的，人民法院可以根据利害关系人的申请，撤销其遗产管理人资格，并依法指定新的遗产管理人。

（三）遗产管理人制度的意义

遗产管理人制度的确立满足了社会需求，填补了继承相关法规的空白，具有重要的意义。

（1）遗产管理人可以相对公平地处理被继承人的债权、债务和遗产分配问题，减少继承纠纷和社会矛盾，减轻继承人和债权人的负担。

（2）遗产管理人可以及时处置和保护遗产，避免因管理不善而导致遗产价值减损，保护各方的利益。

（3）遗产管理人可以防止出现遗产无人管理、无人知晓的情况，最大限度地保护继承人、受遗赠人和债权人的合法权益。

（4）当遗产管理人的人选存在争议时，法院可以指定遗产管理人，及时化解纠纷，促进社会和谐稳定。

（5）明确遗产管理人的责任和报酬，可以督促其认真履职，确保遗产得到有效管理。

第十四讲

遗赠和遗赠扶养协议解析

一、遗赠的定义

遗赠是被继承人处分遗产的一种方式,是被继承人以遗嘱的方式将部分或全部个人财产,在死后赠给国家、集体或法定继承人以外的人的一种法律制度。遗赠财产的人叫作遗赠人,接受遗赠财产的人叫作受遗赠人或遗赠受领人。我们来看一下《民法典》第一千一百三十三条第三款的规定。

自然人可以立遗嘱将个人财产赠与国家、集体或者法定继承人以外的组织、个人。

二、赠与和遗赠的三大区别

赠与和遗赠都可以将个人财产给到国家、集体或者法定继承人以外的组织、个人,但二者有以下三个区别。

（1）赠与是双方行为，遗赠是单方行为。赠与行为要想生效，既需要赠与人作出赠与的意思表示，也需要受赠人作出接受赠与的意思表示。如果涉及房屋等特殊标的，还需要办理过户登记手续，之后财产的所有权才能真正转移给受赠人。遗赠则只需要遗赠人单方作出遗赠的意思表示，不需要受遗赠人明确表示接受，即可生效。虽然受遗赠人有权利选择接受或放弃遗赠，但这并不改变遗赠行为的单方性质。因为受遗赠人的选择仅影响遗赠财产的最终归属，而不影响遗赠行为的成立和生效。

（2）赠与在赠与人生前完成，遗赠在遗赠人死后完成。赠与是赠与人在生前将财产给到自己想给的人的一种行为。遗赠则是一种死后的安排，在遗赠人死后，其财产被赠给法定继承人以外的组织、个人，或国家、集体。

（3）赠与可以将财产即时转移，遗赠不能将财产即时转移。赠与可以立即转移财产的所有权，而遗赠需要在遗赠人身故、受遗赠人接受遗赠之后才能将财产转移。

三、遗嘱和遗赠的两大区别

遗嘱和遗赠都是通过遗嘱的方式来处分财产的。虽然二者在形式上有许多相似之处，但有以下两个区别。

（1）遗嘱和遗赠最大的区别是接受遗产的主体不同。对遗嘱来说，接受遗产的主体只能是遗嘱人的法定继承人。而对遗赠来说，受遗赠人则是国家、集体，或法定继承人以外的组织、个人。

（2）遗嘱和遗赠的权利行使方式不同。就遗嘱而言，如果继承人在继承开始之后、遗产分割之前，没有明确表示放弃继承，则视为接受继承。而就遗赠而言，受遗赠人在知道受遗赠后六十日内需要明确作出接受的意思表示，否则视为放弃受遗赠。我们来看一下《民法典》的相关规定。

第一千一百二十四条　继承开始后，继承人放弃继承的，应当在遗产处理前，以书面形式作出放弃继承的表示；没有表示的，视为接受继承。

受遗赠人应当在知道受遗赠后六十日内，作出接受或者放弃受遗赠的表示；到期没有表示的，视为放弃受遗赠。

在实务中，从什么时候开始计算这六十日非常重要，大致分为以下两种情况。

（1）受遗赠人在遗赠人死亡后才得知受遗赠之事。在这种情况下，六十日从受遗赠人知道受遗赠之日起开始计算。因为在遗赠人死亡后，其以遗嘱形式作出的遗赠意思表示才会生效，所以受遗赠人需要在得知受遗赠之后的六十日内明确表示是否接受遗赠。

（2）受遗赠人在遗赠人死亡前已得知受遗赠之事。在这种情况下，六十日从遗赠人死亡之日起开始计算更合理。因为遗赠的意思表示在遗赠人死亡之后才生效，所以在遗赠人死亡之前，财产仍归遗赠人所有。只有在遗赠人死亡后，受遗赠人才能行使接受或放弃受遗赠的权利。

四、通过遗赠传承财富的优点和缺点

和遗嘱一样,遗赠也并非一种完美的财富传承工具,它有以下优点和缺点。

1. 优点

(1)遗赠能够实现遗赠人特定的财富传承心愿。通过遗赠这种方式,遗赠人可以将财富传承给法定继承人以外的个人、组织,比如孙子女、外孙子女、公益组织、遗赠人特别关爱的对象等。

(2)遗赠只需要遗赠人单方面作出意思表示即可。正如前文所讲,遗赠是单方法律行为,无须受赠人接受即可生效。

2. 缺点

(1)具有时限性。受遗赠人在得知受遗赠后六十日内需要明确表示接受遗赠,否则视为放弃接受遗赠。

(2)要求严格。遗赠必须满足有效遗嘱应当具备的实质和形式两方面的要件。关于遗嘱的有效性,我们在前文中已经系统讲述过,不再赘述。

(3)容易引发家庭矛盾。遗赠人把财产给法定继承人以外的人,可能会引发家庭矛盾,尤其是在家庭关系复杂或家庭成员之间存在利益冲突的情况下。因此,遗赠人应慎重考虑家庭因素,合理分配财产。遗赠人可以将遗赠与保险、保险金信托、家族信托等工具搭配,进行系统的财富传承安排。

五、遗赠扶养协议解析

(一) 什么是遗赠扶养协议

遗赠扶养协议是遗赠人与扶养人之间签订的一种协议,其中规定,扶养人承担遗赠人生养死葬的义务,遗赠人则将其合法财产的部分或全部于其死后转移给扶养人。我们来看一下《民法典》的相关规定。

第一千一百二十三条 继承开始后,按照法定继承办理;有遗嘱的,按照遗嘱继承或者遗赠办理;有遗赠扶养协议的,按照协议办理。

第一千一百五十八条 自然人可以与继承人以外的组织或者个人签订遗赠扶养协议。按照协议,该组织或者个人承担该自然人生养死葬的义务,享有受遗赠的权利。

根据上述法条的规定,遗赠扶养协议要明确双方的权利和义务,以保障遗赠人的晚年生活和身后事务,以及扶养人在履行义务后能够获得相应的遗赠财产。此外,在财产继承中,如果各种继承方式并存,遗赠扶养协议会优先执行,其次是遗嘱继承和遗赠,最后是法定继承。

（二）遗赠扶养协议的内容

通常情况下，遗赠扶养协议主要包含以下四个方面的内容。

（1）当事人的身份。遗赠人通常是年老、无自理能力或需要他人照顾的自然人。扶养人通常是法定继承人以外的个人或组织。

（2）扶养人的义务。扶养人负责照顾遗赠人的生活，以及处理遗赠人的身后事务，比如医疗护理、丧葬事宜等。

（3）遗赠人的义务。遗赠人承诺去世后将部分或全部合法财产转移给扶养人。财产可以是现金、房产、存款等。

（4）协议的生效条件。遗赠扶养协议从成立之日起开始发生法律效力。

（三）通过遗赠扶养协议传承财富的优点和缺点

通过遗赠扶养协议传承财富有以下优点和缺点。

1. 优点

（1）保障老年人的权益。通过签订遗赠扶养协议，遗赠人可以得到应有的照顾，保障晚年生活质量。

（2）明确双方的权利义务。遗赠扶养协议明确了遗赠人和扶养人的权利和义务，有助于减少继承中的纠纷，保障各自的合法权益。

（3）传承合法财产。遗赠扶养协议可以将遗赠人的财产按照其心愿传承给扶养人。

2. 缺点

（1）依赖扶养人。遗赠人的生活质量完全依赖扶养人的履行能力和意愿。如果扶养人无法或不愿履行遗赠扶养协议，遗赠人的生活保障可能会受到影响。因此，一些无人照顾的老年人可以选择养老保险+社区养老的方式来保证自己老年生活的质量。

（2）存在潜在纠纷。虽然遗赠扶养协议明确了双方的权利和义务，但在实践中仍可能产生纠纷，尤其是在对协议履行过程中扶养义务履行程度的认定上，双方可能出现分歧。

（3）具有法律风险。遗赠扶养协议的法律效力和实际执行情况会受到多种因素的影响，比如扶养人的履约能力、遗赠人家属的反对等。遗赠人和扶养人在签订和履行遗赠扶养协议时应谨慎，确保协议内容合法、清晰，并符合双方的真实意愿。必要时，可以去公证处办理，并寻求社区居委会的监督，以保证协议的正常履行。

第十五讲

保险：财富传承的必备工具

一、保险的定义

我国《保险法》对保险的含义作出了明确的规定。我们来看一下。

第二条　本法所称保险，是指投保人根据合同约定，向保险人支付保险费，保险人对于合同约定的可能发生的事故因其发生所造成的财产损失承担赔偿保险金责任，或者当被保险人死亡、伤残、疾病或者达到合同约定的年龄、期限等条件时承担给付保险金责任的商业保险行为。

需要注意的是，上述法条定义的保险仅包括商业保险，不包括社会保险等其他类型的保险。而孙祁祥教授在《保险学》一书中对保险的定义进行了精准、简练的概括：保险是一种以经济保障为基础的金融制度安排，通过对不确定事件发生的数理预测和收取保险费，建立保险基金，以合同的形式，由大多数人分担少数人的损失，实现风险转移和理财目标[①]。

我们可以从以下几个角度来理解保险的定义。

（1）保险是风险转移工具。生活中，我们面临着许多不可预测的风险，这些风险一旦发生，就会造成不同程度的损失。保险通过金融制度安排，在风险发生时将损失转嫁出去，从而减轻个人或家庭的经济负担。

（2）保险是投资理财工具。一些创新型保险产品，比如万能险、分红险、年金险、增额寿险等，不仅能提供风险保障，还具备投资理财功能。这些产品可以帮助我们实现财富的保值和增值。

（3）保险是社会保障工具。保险在保障人民生命和财产安全，促进经济稳定运行和优化金融资源配置等方面，具有重大的意义。它可以为个人和社会提供重要的经济支持和保障。

（4）保险是法律架构安排。保险合同明确了投保人、被保险人、受益人和保险公司之间的权利义务关系，受到法律保护。保险可以从法律属性上改变资产的性质，优化家庭资产配置，具备预防婚姻风险、财富传承、税务筹划和家企风险隔离等多方面的功效。

---

① 孙祁祥.保险学[M].7版.北京：北京大学出版社，2021:21.

二、保险的分类

（一）按保险性质分类

1. 商业保险

商业保险是由保险公司经营，以营利为目的的保险，包括各类财产保险和人身保险。商业保险具备以下三个特点。

（1）自愿性。投保人根据自己的需求选择是否购买商业保险。

（2）合同性。保险关系由保险合同明确规定，具有法律约束力。

（3）营利性。保险公司通过管理风险和运营来实现营利。

2. 社会保险

社会保险是由政府主导，旨在保障公民在年老、失业、疾病、工伤和生育等情况下的基本生活需求的保险制度。社会保险具有以下三个特点。

（1）强制性。多数社会保险是强制性的，法律规定用人单位和个人必须参加。

（2）保障性。社会保险的主要目的是保障公民的基本生活需求，具有社会福利性质。

（3）非营利性。社会保险由政府或非营利机构管理，不以营利为目的。

总之，虽然商业保险和社会保险在保障内容、运行机制和目的等方面存在显著的差异，但都在不同层面为个人和社会提供了重要的经济保障。

（二）按保障对象分类

1. 财产保险

财产保险是指投保人根据合同约定，向保险人交付保费，保险人按保险合同的约定对所承保的财产及其有关利益因自然灾害或意外事故造成的损失承担赔偿责任的保险。财产保险的保障对象是各类有形财产和无形财产，包括财产保险、责任保险、保证保险、信用保险等以财产或利益为保险标的的各种保险。我们简单列举了以下几种。

（1）机动车辆保险：保障机动车辆因交通事故、盗抢、自然灾害等造成的损失。

（2）家庭财产保险：保障家庭财产因火灾、盗窃、自然灾害等造成的损失。

（3）企业财产保险：保障企业财产因火灾、爆炸、盗窃等事故造成的损失。

（4）货物运输保险：保障货物在运输的过程中因意外事故、自然灾害等造成的损失。

（5）工程保险：保障各类建设工程项目在施工的过程中因意外事故、自然灾害等造成的损失，包括建筑工程险、安装工程险等。

2. 人身保险

人身保险是指以人的生命或身体为保险标的，在被保险人发生保险事故或保险期满时，依照保险合同的规定，由保险人向被保险人或受益人给付保险金的保险。

人身保险的保障对象是人的身体、健康和寿命，包括人寿保险、健康保险和意外伤害保险。

由于人身保险是本书的重点内容，再加上其类型相对丰富，因此，接下来我们单独讲解一下人身保险的类型。

三、人身保险的三种类型

（一）人寿保险

简单来说，人寿保险就是当被保险人在保险期间内死亡或达到合同约定的年龄时，保险公司会支付保险金的保险，主要包括定期寿险、终身寿险、两全保险和年金保险等。

1. 定期寿险

定期寿险是一种消费型保险。如果被保险人在保险合同约定的期限内死亡或全残，保险公司按照约定的保险金额给付保险金；如果在保险期限届满时，被保险人健在，保险合同自然终止，保险公司不再承担保险责任，并且不退还投保人已交纳的保费。

定期寿险有以下两个特点。

（1）低保费、高保障。定期寿险的保费较低，但能够提供较高的保障额度，适合需要高额保障的家庭，特别是家庭经济支柱人群。

（2）保险期限灵活。定期寿险的保险期限一般有10年、15年、20年，或保障至被保险人50岁、60岁、70岁等多项选择。因此，定期寿险的保险期限灵活，可以满足人们不同阶段的保障需求。

2. 终身寿险

终身寿险与定期寿险不同，是被保险人在任何时候身故或全残时，保险公司都会向受益人给付保险金的保险。终身寿险包括定额终身寿险和增额终身寿险。

定额终身寿险是一种提供终身保障的保险，即被保险人在任何时候身故或全残时，保险公司都会按照合同约定的保险金额给付保险金。就定额终身寿险来说，因为保额是固定的，所以保险公司给付保险金的责任也是确定的，不确定的只是给付时间的早晚。

定额终身寿险有以下四个特点。

（1）终身保障。定额终身寿险的保险期限为被保险人的一生，即保险公司在该期间的任何时间段都需要履行赔付责任。

（2）确定性。对于定额终身寿险，保险公司给付的保险金是确定的，可以为被保险人的家庭提供长期稳定的经济保障。

（3）财富传承。大额的定额终身寿险可以用于财富传承，确保在被保险人去世后，其财富能快速、精准地传给受益人，避免因继承手续复杂而出现遗产分割问题。

（4）税务优势。对于定额终身寿险，保险公司赔付给受益人的身故保险金，既不是被保险人的遗产，也不是受益人的收益，因此有节税和免税的功能。

增额终身寿险是一种提供终身保障且保额随时间递增的保险产品。被保险人在任何时候身故或全残都可以得到保障，而且保额和现金价值会随时间递增。与定额终身寿险相比，增额终身寿险具有长期的财富增值潜力。

增额终身寿险具有以下四个特点。

（1）保额随时间递增。增额终身寿险的保额每年会按照一定的比例增长。这意味着随着时间的推移，被保险人享有的保障金额会越来越高。

（2）现金价值累积。增额终身寿险的现金价值会随保费的交纳和保额的递增而增长，从而给投保人提供长期、稳定的财富积累。

（3）灵活性。对于增额终身寿险，投保人在必要时可以通过保单贷款或部分退保的方式提取现金价值，实现财务上的灵活性。

（4）财富传承。对于增额终身寿险，随着保额越来越高，受益人能领取的金额也越来越多。被保险人去世后，其财富能快速、精准地传给受益人，避免了复杂的继承手续。

3.两全保险

两全保险又称生死合险，即被保险人在保险合同约定的期限内死亡或全残，或在保险期限届满时仍健在，保险公司都要承担给付保险金的责任。两全保险确保了被保险人在保障期内的经济安全，也为其提供了一种有计划的储蓄方式。

两全保险有以下三个特点。

（1）双重保障。如果被保险人在保险期限内发生不幸，保险公司会按照合同约定的保险金额给付保险金；如果在保险期满时被保险人依然健在，保险公司会返还满期保险金。

（2）储蓄功能。对于两全保险，保险期满时，保险公司会返还满期保险金，有效地帮助被保险人积累一定的资金。

（3）保险期限灵活。两全保险的保险期限有5年、10年、20年或保障至被保险人特定年龄（如60岁、70岁）等多种选择。投保人可以根据自身的需求选择适合的保险期限。

4.年金保险

年金保险是保险公司以被保险人的生存为条件，按年、半年、季度或月给付保险金，直至被保险人死亡或保险合同期满的一种保险。它具备理财、子女教育金储备、养老等功能。按照给付保险金的限期，年金保险一般分为终身年金保险和定期年金保险。

终身年金保险是一种为被保险人提供终身收入保障的保险产品。在被保险人达到约定的年龄后，保险公司按期给付保险金，在被保险人死亡后，保险终止。终身年金保险旨在为被保险人提供终身稳定的现金流，确保其生活有经济保障。

终身年金保险具有以下四个特点。

（1）终身保障。对于终身年金保险，保险公司会持续给付年金，直至被保险人身故。

（2）死亡保障。如果被保险人在领取年金期间身故，保险公司会按照合同约定返还给受益人一笔保险金。

（3）万能账户。投保人可以同时投保一份万能保险，将未领取的年金转入万能账户，让其继续复利增值。如果年金保险添加了万能账户，在被保险人身故后，受益人领取的金额一般是已交保费或万能账户现金价值的较大者。具体需要遵循保险合同的约定。

定期年金保险是一种在约定的保险期限内向被保险人提供定期收入的保险产品。具体来说，投保人按照合同规定交纳保费，保险公司以被保险人在合同规定的期限内的生存为条件，承担给付保险金的责任；如果规定的期限届满或被保险人死亡，则保险合同终止。定期年金保险旨在为被保险人在特定时期内提供稳定的收入保障，帮助其规划重要的人生阶段。

定期年金保险有以下四个特点。

（1）定期保障。定期年金保险可以在约定的保险期限内为被保险人提供收入保障。保险期满之后，年金给付终止。

（2）期限灵活。定期年金保险的期限通常有10年、15年或保障至被保险人特定年龄（如60岁、70岁）等多种选择。投保人可以根据自身的需求选择适合的期限。

（3）目标明确。定期年金保险适合在特定时期内有明确资金需求的人，比如子女教育、养老规划等。

（4）万能账户。定期年金保险同样可以搭配万能账户。在被保险人开始领取年金后，被保险人可以选择不立即领取年金，而将其转入万能账户中继续复利生息。

（二）健康保险

健康保险是为被保险人的健康提供保障的保险。健康保险以人的身体为保险标的，在被保险人因疾病或意外事故而产生医疗费用支出或收入损失时，保险公司承担赔偿责任。健康保险分为疾病保险、商业医疗保险、护理保险、失能保险等。为了防范道德风险，保险公司通常会设定一段观察期。对被保险人在观察期后因疾病造成的损失，保险公司才承担赔偿责任。

1. 疾病保险

最典型的疾病保险是重疾险。重疾险是一种为被保险人提供重大疾病保障的保险产品。在被保险人被确诊患有保险合同中列明的重大疾病后，比如恶性肿瘤、急性心肌梗死、脑中风后遗症等，保险公司按照约定的保险金额一次性支付保险金。

重疾险旨在帮助被保险人及其家庭应对重大疾病带来的高额医疗费用和经济压力。近些年，很多重疾险对疾病进行分类和分组，按照轻症、中症、重症等不同的疾病等级进行理赔。也就是说，有些重疾险对轻症也有理赔责任。

重疾险具有以下四个特点。

（1）疾病保障。重疾险为被保险人提供了多种重大疾病的保障，包括癌症、心脏病、中风等高发重疾。有些重疾险对轻症也可以赔偿，具体见产品的合同条款。

（2）确诊即付。一旦被保险人被确诊患有合同约定的重大疾病，保险公司就会按照约定的保险金额一次性支付保险金，无须被保险人提供具体的医疗费用发票。

（3）资金用途灵活。重疾险的保险金的用途不受限制，被保险人可以自由支配，既可以用于支付医疗费用，也可以用于康复护理或家庭生活支出。

（4）提前规划。重疾险为被保险人提前规划重大疾病风险，可以减轻疾病带来的经济负担，有助于病人安心治疗。

2.商业医疗保险

作为社会医疗保险的补充，商业医疗保险是保险公司向个人或团体提供的一种医疗保险。当被保险人因疾病或意外事故而需要治疗时，保险公司会根据合同的约定对医疗费用进行赔付。商业医疗保险的保障范围依照保险合同的约定，保费通常根据被保险人的年龄、健康状况、承保范围等因素来计算。投保人可以根据自己的经济状况选择合适的商业医疗保险。

商业医疗保险有以下两个特点。

（1）补充性。社保提供的医疗保障有一定的限制，比如报销比例、报销范围和报销上限等。商业医疗保险可以作为社保的补充，为参保者提供更全面、更高额度的医疗费用保障。

（2）针对性。商业医疗保险针对被保险人的具体疾病或意外伤害提供保障，投保人在购买时可以根据实际需求选择合适的保障范围。

3.护理保险

护理保险是一种为被保险人在年老、失能或患病等情况下提供长期护理服务费用保障的保险产品。护理保险旨在帮助被保险人应对长期护理需求带来的高额费用,确保其能够获得必要的护理服务和照料。护理保险诞生于20世纪70年代的美国,是社会老龄化的产物。

护理保险有以下三个特点。

(1)长期护理保障。护理保险可以为被保险人提供长期护理服务费用保障。

(2)护理费用报销。护理保险报销的护理费用涵盖专业护理机构费用、居家护理费用等,报销比例和范围根据保险合同的具体约定有所不同。

(3)失能评估。保险公司通常会对被保险人进行失能评估,并根据评估结果确定护理保障的启动和具体护理服务内容。

目前,我国保险市场推出了一些护理保险产品,基本上都是针对老年人的护理问题。不过,这些产品大都作为其他人身保险的附加险,其运作方式与养老类保险大同小异,和真正的护理保险有较大的差距。但随着中国人口老龄化加剧,护理保险的需求旺盛,未来会有更多的发展空间。

4. 失能保险

失能保险也叫收入保障保险,是一种为被保险人在因疾病或意外伤害导致失能的情况下提供收入保障的保险产品。

失能保险有以下两个特点。

(1)失能定义明确。保险合同中对失能的定义和标准有明确的规定,通常包括全失能和部分失能。保险金的给付会根据失能程度来确定。

（2）减轻经济压力。失能保险可以帮助被保险人及其家庭应对因失能导致的收入中断带来的经济压力，确保其在失能期间能够维持正常的生活水平。

（三）意外伤害保险

意外伤害保险，是以被保险人因遭受意外伤害造成死亡、残疾为给付条件的人身保险。根据保险期限的不同，意外伤害保险可以分为一年期意外伤害保险、极短期意外伤害保险和多年期意外伤害保险。

1. 一年期意外伤害保险

一年期意外伤害保险是指在一年内提供保障的意外险种。它为个人或家庭在意外事故导致财产损失、人身伤害或死亡时提供经济赔偿。

一年期意外伤害保险有以下两个特点。

（1）灵活的保障期限。一年期意外伤害保险的保障期限为一年，较为灵活。投保人可以根据个人的需要进行选择。

（2）综合保障范围。一年期意外伤害保险的保障范围通常包括意外伤害保障和医疗费用保障，可以应对因意外事故导致的伤残、身故和相关的医疗费用支出。

2. 极短期意外伤害保险

极短期意外伤害保险是指保险期限不足一年的意外伤害保险。这类保险的保险期限极短，有的甚至只有几天、几小时或几分钟，比如公路旅客意外伤害保险、索道游客意外伤害保险等。

极短期意外伤害保险有以下三个特点。

（1）短期保障。由于极短期意外伤害保险的保险期限短，所以投保人通常会根据活动的时间和地点进行投保。

（2）高风险性。由于极短期意外伤害保险的保险期限短，风险往往更集中，因此相应的保险费率较高。

（3）针对性强。极短期意外伤害保险主要为旅行或特定活动，如登山、滑雪、潜水等高风险活动提供专门的保障。

3. 多年期意外伤害保险

多年期意外伤害保险是指保险期限超过一年的意外伤害保险。这类保险的保险期限通常是三年、五年或更长时间。

多年期意外伤害保险有以下三个特点。

（1）长期保障。多年期意外伤害保险可提供长期的意外保障，确保被保险人在较长的一段时间内获得稳定的保障。

（2）保费稳定。由于保险期限较长，所以多年期意外伤害保险的保费相对稳定，避免了因频繁续保而带来的不便。

（3）本金返还。部分多年期意外伤害保险具有储蓄功能。比如，就意外伤害满期还本保险来说，在被保险人未发生保险事故的情况下，保险期满时会返还保险本金。

四、保险合同的三大主体及其权利

从严格意义上来讲，保险合同有保险人、投保人、被保险人和受益人四大主体。他们各自承担着不同的角色和责任，共同构成了保险合同的完整框架。在保险合同中，四大主体之间相互依存、相互制约，共同保证保险活动的正常进行。

保险中的权利归属是保险的基石，也是与保险相关的所有问题的根源。市场上所有的保险产品，比如重疾险、医疗险、人寿保险等架构，都是在此基础上搭建起来的。因此，我们要想利用好保险强大的功能，首先要清楚保险中的权利归属。

需要说明的是，对购买保险的客户来讲，仔细了解投保人、被保险人和受益人三大主体及其权利尤为重要，因此，我们接下来只论述这三大主体及其权利。

（一）投保人

根据《保险法》第十条的规定，投保人是指与保险人订立保险合同，并按照保险合同负有支付保费义务的人。投保人掌握着保单的控制权，是保险关系中的"灵魂人物"。投保人主要有以下五种权利。

1. 退保

退保是投保人的权利和自由。我们来看一下《保险法》的相关规定。

第十五条　除本法另有规定或者保险合同另有约定外，保险合同成立后，投保人可以解除合同，保险人不得解除合同。

也就是说，通常情况下，投保人可以自行决定是否退保、何时退保，保险公司应予以配合。需要注意的是，在犹豫期过后中途退保，投保人可能会有损失。因此，投保人应谨慎行使这一权利，以免给自己带来不必要的损失。

2. 现金价值请求权

现金价值请求权是投保人的一个非常重要的权利。比如，根据《保险法》第四十七条的规定，在退保之后，投保人可以从保险公司领取保单的现金价值。现金价值属于投保人的财产。

3. 领取现金分红

如果投保人购买了分红型保险产品，那么每年都可以领取浮动的分红。至于分红的多少，则视保险公司当年的经营状况以及分红条款而定。现金分红也属于投保人的财产。

4. 提取万能账户价值

很多保险公司的年金险可以添加万能账户，有些增额终身寿险也可以添加万能账户，设计成双主险的架构。在投保人购买年金险之后，被保险人在合同期内生存可以领取生存金；如果被保险人不领取生存金，则可以把生存金转入万能账户中，进行复利增值。虽然保险公司通常会设置一个保底利率，但在现实中，实际结算的利率是不确定的，一般会高于保底利率。

万能账户价值属于投保人，所以万能账户里的钱也属于投保人，投保人可以随时支取。但是，发生保险事故后，万能账户中的钱会和被保险人的身故保险金一起赔付给受益人。此时，万能账户价值归零，投保人就无法从中取现了。

5.保单贷款

所谓保单贷款，就是投保人以保单的现金价值作为质押，向保险公司进行贷款。保单贷款可以很好地满足投保人急用现金的需求。保单贷款是投保人的权利。通常情况下，投保人最高可以贷保单现金价值的80%。

（二）被保险人

根据《保险法》第十二条的规定，被保险人是指其财产或者人身受保险合同保障，享有保险金请求权的人。投保人也可以为被保险人。被保险人主要有以下三种权利。

1.领取生存金

在年金保险中，生存受益人基本就是被保险人，因此被保险人可以享受领取生存金的权利。在购买年金保险之后，如果被保险人达到了约定的年龄，保险公司会按期给付生存金给被保险人。此外，一些定期年金保险，比如交3年保10年，或交5年保15年，或保障至被保险人80岁等，在保险期满之后，保险公司会返还给被保险人一笔满期生存金。不过，极个别保险公司会将满期生存金返还给投保人。

2.领取重疾、医疗、意外赔偿金

在购买重疾险、医疗险或意外险之后，如果在保险存续期内，被保险人罹患重大疾病、发生意外或触发了医疗险理赔的条件，保险金会赔付给被保险人。

3. 指定和变更受益人

虽然在指定和变更受益人时，保险公司一般会要求投保人和被保险人同时签字，但归根结底，被保险人有决定权。我们来看一下《保险法》的相关规定。

第三十九条　人身保险的受益人由被保险人或者投保人指定。

投保人指定受益人时须经被保险人同意。投保人为与其有劳动关系的劳动者投保人身保险，不得指定被保险人及其近亲属以外的人为受益人。

被保险人为无民事行为能力人或者限制民事行为能力人的，可以由其监护人指定受益人。

第四十一条　被保险人或者投保人可以变更受益人并书面通知保险人。保险人收到变更受益人的书面通知后，应当在保险单或者其他保险凭证上批注或者附贴批单。投保人变更受益人时须经被保险人同意。

根据上述法条的规定，我们可以知道，投保人和被保险人都可以指定和变更受益人，但如果投保人指定和变更受益人时未经被保险人同意，则指定和变更受益人无效。因此，指定和变更受益人从根源上说是被保险人的权利。

(三)受益人

根据《保险法》第十八条的规定,受益人是指人身保险合同中由被保险人或者投保人指定的享有保险金请求权的人。投保人、被保险人可以为受益人。

受益人分为生存受益人和身故受益人。我们在上文讲过,在年金保险中,生存受益人基本就是被保险人,享受领取生存金的权利。身故受益人是被保险人身故利益的所有人,主要的权利是领取身故保险金,即在被保险人去世之后,身故受益人可以领取保险合同中约定的身故保险金。

投保人、被保险人和受益人的主要权利

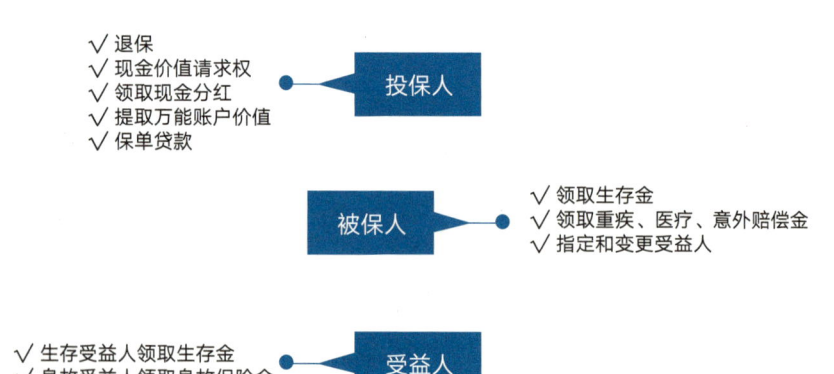

投保人
- √ 退保
- √ 现金价值请求权
- √ 领取现金分红
- √ 提取万能账户价值
- √ 保单贷款

被保人
- √ 领取生存金
- √ 领取重疾、医疗、意外赔偿金
- √ 指定和变更受益人

受益人
- √ 生存受益人领取生存金
- √ 身故受益人领取身故保险金

五、保险的五大传统功能

（一）医疗健康保障

医疗健康保障是保险的一个重要功能。

保险可以减轻个人和家庭因疾病或意外而产生的经济负担。首先，医疗保险通过提供门诊、住院、手术等费用报销，能够使被保险人在遭遇疾病或意外时获得必要的医疗服务，不必担心巨额的医疗费用。其次，在被保险人确诊患有合同约定的重大疾病或轻症时，重大疾病保险会一次性赔付一笔赔偿金，帮助被保险人及其家庭应对高昂的治疗费用及康复支出。最后，长期护理保险可以为需要长期护理的老年人或重病患者提供资金支持，保障其在护理期间的生活质量。

（二）人身保护

保险可以为被保险人提供人身保护，是爱与责任的体现。比如，如果被保险人在合同期内身故，保险公司会按照合同约定的保险金额给付保险金；如果被保险人因突发意外身故或全残，意外伤害保险会给付意外保险金。总之，保险可以防止因被保险人突然离世而导致家庭生活面临困难，为被保险人的家庭提供一份稳定的经济保障，延续被保险人的经济生命，照顾想照顾的人。

(三) 养老规划

养老规划是许多人购买年金保险的主要原因之一。年金保险不仅可以帮助被保险人进行长期的财务规划，还可以通过固定的年金支付，确保被保险人在老年时有稳定的经济来源，减轻子女的养老负担，让其享受无忧的晚年生活。增额终身寿险也可以通过部分领取的功能，即在现金价值累积到一定程度后部分提取现金价值，满足养老的安排。

(四) 子女教育

保险在子女教育金规划方面也有显著的作用。

父母可以通过教育保险提前储备子女未来的教育费用，确保在需要时有充足的资金支持。具体来说，父母可以分阶段领取教育金，为子女小学、中学、大学等各个教育阶段的费用提供保障，从而减轻家庭的经济压力。此外，许多教育保险会附带保费豁免条款。这样，如果投保人发生意外或因重大疾病无法继续交纳保费，保险公司将继续交纳保费，确保子女的教育金不受影响。

目前，市场上主流的保险公司一般会用年金险来规划教育金，专门的教育保险在市场上的占比并不高。

(五)资产配置

作为一种金融工具,保险在资产配置中也扮演着重要的角色。每个家庭都可以考虑配置一部分保险作为底层资产。

首先,一些保险产品,比如分红型保险、投资连结保险等,不仅能提供保障,还能实现财富的保值和增值。通过参与保险公司的投资收益分红,投保人可以获取稳定的回报。

其次,增额寿险和年金保险(不含万能账户)是一种"类固收产品",它们的预定利率是固定的,同时保额会增长,年金的领取金额也会白纸黑字写在合同中,因此保险期内的资金收益不受市场波动的影响,可以为投保人提供确定的回报,减少通货膨胀和利率变动带来的风险,在降息周期中可以为投保人长期锁定固定利率。

最后,年金保险可以为被保险人提供稳定的现金流,作为被动收入增加家庭的收入来源,有助于应对家庭变故和职业变化。

六、保险的四大法税功能

(一)婚姻规划功能

保险的婚姻规划功能体现在为夫妻双方提供经济保障、维护家庭和谐稳定以及规避潜在风险等方面。

保险可以确保在婚姻生活中,一方遭遇意外或疾病等风险,另一方和家庭的经济生活不会受到严重的影响。比如,人寿保险可以在一方身故之后提供经济赔偿，健康保险可以在一方患病时提供医疗费用和收入补偿。而且，指定配偶为受益人，也可以体现对配偶的关爱和承诺，增强夫妻之间的信任和感情。

更重要的是，通过巧妙安排保单中的投保人、被保险人和受益人，保单可以实现婚姻风险的隔离。由于投保人、被保险人、受益人在保单中享有的权利是不一样的，因此在投保人、被保险人、受益人离婚时，保单的分割情况也是不同的。

在发生婚姻风险时，保单分割的原则是"谁离婚就分割谁的权利"，不过，具体的权利分割情况还要看保单的架构设计。接下来，我们具体分析一下不同的保单架构设计在离婚时的权利分割情况。

1. 保单架构设计一：投保人和被保险人同为夫妻一方

投保人	被保险人	受益人	现金价值和万能账户价值	生存金	重大疾病理赔金	身故保险金	婚前购买的保单
夫	夫	妻/子女/父母	退保分现金价值/继续持有保单的一方补一半现金价值给对方	婚后取得的要分割（学界有争议）	重大疾病理赔金为一方的个人财产	身故保险金为受益人的个人财产	现金价值为个人财产，婚后取得的收益，如生存金、万能账户收益、分红，则为夫妻共同财产
夫	妻	夫/子女/父母					

这种保单的架构设计分为以下两种情况：第一，夫妻一方为自己投保，配偶、子女或父母为受益人；第二，夫妻相互投保，即夫妻一方为投保人，配偶为被保险人，投保的夫妻一方、子女或父母为受益人。

（1）现金价值和万能账户价值。

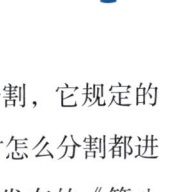

《民法典》中没有具体规定离婚时保单要怎么分割，它规定的是一些大的框架和原则，如果把每一种财产在离婚时怎么分割都进行规定，则法条会过于冗长。不过，最高人民法院发布的《第八次全国法院民事商事审判工作会议（民事部分）纪要》（以下简称《八民纪要》）对此作出了明确的规定。虽然《八民纪要》既不是法律法规，也不是司法解释，但在审判实践中具有指导意义。我们来具体看一下。

4.婚姻关系存续期间以夫妻共同财产投保，投保人和被保险人同为夫妻一方，离婚时处于保险期内，投保人不愿意继续投保的，保险人退还的保险单现金价值部分应按照夫妻共同财产处理；离婚时投保人选择继续投保的，投保人应当支付保险单现金价值的一半给另一方。

由上述规定可知，如果保单是在婚后用夫妻共同财产购买的，持有保单的夫妻一方可以选择退保，退保后的现金价值和万能账户价值原则上要分一半给配偶；如果持有保单的夫妻一方不愿意退保，也可以直接补一半现金价值和万能账户价值给对方。

对保单持有者而言，不退保更划算，因为保单的现金价值和万能账户价值在前期一般少于所交的总保费。因此，保单持有者可以用少量的钱来获取长期的、更多的收益。比如，保单的总保费为100万元，离婚时保单的现金价值可能为60万元，此时，保单持有者一般只需补偿配偶30万元，就可以继续持有保单，享受保单后续的增值收益。

（2）生存金。

如果购买的是年金保险，夫妻一方作为被保险人，在婚姻关系存续期间会从保险公司领取生存金。那么，离婚时生存金怎么分割呢？我们来看一下《八民纪要》的相关规定。

5.婚姻关系存续期间，夫妻一方作为被保险人依据意外伤害保险合同、健康保险合同获得的具有人身性质的保险金，或者夫妻一方作为受益人依据以死亡为给付条件的人寿保险合同获得的保险金，宜认定为个人财产，但双方另有约定的除外。

婚姻关系存续期间，夫妻一方依据以生存到一定年龄为给付条件的具有现金价值的保险合同获得的保险金，宜认定为夫妻共同财产，但双方另有约定的除外。

根据上述规定，我们可以知道，夫妻一方在婚姻关系存续期间领取的生存金是夫妻共同财产，在离婚时需要被分割。实践中，很多年金保险会搭配万能账户，以便生存金进入万能账户中进行复利增值。对于投保人和被保险人同为夫妻一方的保单架构，如果生存金进入万能账户，则生存金会在分割万能账户价值时一并被分割。

（3）重大疾病理赔金。

如果购买的是重大疾病保险，那么夫妻一方作为被保险人，在罹患重大疾病后，会获得保险公司赔付的保险金。离婚时，这笔款项是否需要分割？《民法典》对此作了规定。

第一千零六十三条　下列财产为夫妻一方的个人财产：

（一）一方的婚前财产；

（二）一方因受到人身损害获得的赔偿或者补偿；

（三）遗嘱或者赠与合同中确定只归一方的财产；

（四）一方专用的生活用品；

（五）其他应当归一方的财产。

根据上述法条的规定，我们可知，重疾理赔金是夫妻一方因受到人身损害获得的赔偿，是其个人财产，在离婚时不需要被分割。同时，《八民纪要》第 5 条也规定，在婚姻关系存续期间，夫妻一方作为被保险人根据保险合同获得的具有人身性质的保险金，宜定为个人财产。因此，我们为自己购买重大疾病保险，不仅是对自己健康的保障，也是对婚姻中个人财产的保护。

此外，和重大疾病保险一样，意外保险、医疗保险赔付给被保险人的保险金，也是其个人财产，在离婚时不会被分割。

（4）身故保险金。

在投保人和被保险人同为夫妻一方的保单架构中，如果身故受益人是父母或子女，那么根据《民法典》第一千零六十三条和《八民纪要》第 5 条的规定，当被保险人死亡后，受益人领取的身故保险金属于其个人财产，在离婚时不会被分割。

如果身故受益人是夫妻一方，且后来夫妻双方离婚了，那么当被保险人去世后，身故受益人会面临无法领取身故保险金的风险。我们来看一下《最高人民法院关于适用〈中华人民共和国保险法〉

若干问题的解释（三）》以及《保险法》的相关规定。

《最高人民法院关于适用〈中华人民共和国保险法〉若干问题的解释（三）》

第九条　投保人指定受益人未经被保险人同意的，人民法院应认定指定行为无效。

当事人对保险合同约定的受益人存在争议，除投保人、被保险人在保险合同之外另有约定外，按照以下情形分别处理：

（一）受益人约定为"法定"或者"法定继承人"的，以继承法规定的法定继承人为受益人；

（二）受益人仅约定为身份关系，投保人与被保险人为同一主体的，根据保险事故发生时与被保险人的身份关系确定受益人；投保人与被保险人为不同主体的，根据保险合同成立时与被保险人的身份关系确定受益人；

（三）受益人的约定包括姓名和身份关系，保险事故发生时身份关系发生变化的，认定为未指定受益人。

《保险法》

第四十二条　被保险人死亡后，有下列情形之一的，保险金作为被保险人的遗产，由保险人依照《中华人民共和国继承法》的规定履行给付保险金的义务：

（一）没有指定受益人，或者受益人指定不明无法确定的；

（二）受益人先于被保险人死亡，没有其他受益人的；

（三）受益人依法丧失受益权或者放弃受益权，没有其他受益人的。

受益人与被保险人在同一事件中死亡，且不能确定死亡先后顺序的，推定受益人死亡在先。

根据上述规定，如果在指定受益人时约定了受益人的姓名和身份关系，但保险事故发生时受益人的身份关系发生了变化，那么也会被认定为未指定受益人。这样，在被保险人死亡之后，保险金会作为被保险人的遗产，由其第一顺序继承人继承。也就是说，如果身故受益人是夫妻一方，且在被保险人死亡时，夫妻双方已经离婚，那么原来的配偶就无法作为身故受益人领取身故保险金，相反，身故保险金会由被保险人的第一顺序继承人法定继承。第一顺序继承人包括配偶、父母、子女，其中，配偶是指现任配偶。因此，对于投保人、被保险人同为夫妻一方的保单架构，如果身故受益人为夫妻一方，那么在夫妻双方离婚后要及时变更受益人，防止自身利益受损。

（5）婚前购买的保单。

如果夫妻一方在婚前为自己投保，且保费在婚前已经交清，那么保单的本金部分对应的现金价值属于其个人财产，在离婚时不会被分割。但这份保单在婚后取得的收益，比如生存金、万能账户收益和分红，将被视为夫妻共同财产，在离婚时会面临被分割的风险。我们来看一下《民法典》的相关规定。

第一千零六十二条　夫妻在婚姻关系存续期间所得的下列财产，为夫妻的共同财产，归夫妻共同所有：

（一）工资、奖金、劳务报酬；

（二）生产、经营、投资的收益；

（三）知识产权的收益；

（四）继承或者受赠的财产，但是本法第一千零六十三条第三项规定的除外；

（五）其他应当归共同所有的财产。

夫妻对共同财产，有平等的处理权。

根据上述法条的规定，夫妻一方婚后投资的收益是夫妻共同财产，比如生存金、万能账户收益和分红。此外，《八民纪要》第5条也规定，婚姻关系存续期间，夫妻一方依据以生存到一定年龄为给付条件的具有现金价值的保险合同获得的保险金，宜认定为夫妻共同财产。虽然学术界对于婚前购买的保单在婚后领取的生存金在离婚时要不要分割，存在一定的争议，但《八民纪要》在解读生存金时，没有区分保单是在婚前还是在婚后购买的，因此婚后取得的生存金在离婚时要分割。纵然保单在婚后增值的部分面临分割风险，但是保单锁定本金为个人财产的优势还是非常明显的。

2. 保单架构设计二：父母给夫妻一方购买保单

投保人	被保险人	受益人	现金价值和万能账户价值	生存金	重大疾病理赔金	身故保险金
父母	夫	父母/妻/子	一般不分割	婚后取得的要分割（学界有争议），但现实中分割有很大困难	重大疾病理赔金为一方个人财产	身故保险金为受益人个人财产

这种保单的架构设计是：父母作为投保人，夫妻一方作为被保险人，父母、被保险人的配偶或子女作为受益人。这种保单架构设计的巧妙之处在于，由于父母是投保人，所以无论是在被保险人婚前还是婚后购买保单，对保单都有掌控权。

（1）现金价值和万能账户价值。

由于保单的现金价值和万能账户价值均属于投保人，即父母，因此在子女离婚时，这部分财产不会被分割。也就是说，这种保单架构可以将保单的主要价值保护起来，避免因子女的婚姻风险而受到影响。

（2）生存金。

我们在前面讲过，被保险人在婚内取得的生存金属于夫妻共同财产，在离婚时需要分割一半给配偶。比如，如果被保险人每年领取 10 万元生存金，在领取了 5 年后离婚，那么在离婚时需要分给配偶 25 万元。虽然这部分财产需要分割，但金额相对较小，对整体财务的影响不大。

此外，现在很多年金保险会添加万能账户，不领取的生存金可以进入万能账户中。由于万能账户中的钱是投保人的财产,所以在被保险人离婚时不会被分割。因此,如果选择这种保单架构,就要搭配万能账户,或者直接购买增额寿险,这样也能避免生存金因被保险人离婚而被分割。

(3)重大疾病理赔金。

我们在上文已经讲过,如果被保险人罹患重大疾病,保险公司支付的重大疾病理赔金属于其个人财产,在离婚时不需要被分割。这样可以保护被保险人出现健康问题时的经济利益,以确保理赔金被用于其自身的治疗和康复。

(4)身故保险金。

就这种保单架构而言,父母应将自己或孙子女设置为身故受益人。这样的话,即使子女发生离婚风险,保险金的给付也不会受到影响,在极端情况下还能保证财富回流到家族中。

3.保单架构设计三:夫妻给子女买保险

投保人	被保险人	受益人	现金价值和万能账户价值	生存金	重大疾病理赔金	身故保险金
夫	子	夫/妻/父母	倾向于不分割(浙江省、江苏省规定不分割)	不分割	重大疾病理赔金为子女的个人财产	身故保险金为受益人的个人财产

这种保单的架构设计是:夫妻一方作为投保人,子女作为被保险人,投保人自己及其配偶或父母作为受益人。这种保单架构设计的核心是夫妻为子女购买保险,以确保孩子的利益不受父母婚姻关

系变化的影响。

（1）现金价值和万能账户价值。

夫妻一方为子女购买的保险，其现金价值和万能账户价值，在夫妻双方离婚时一般不作为夫妻共同财产进行分割。对此，《浙江省高级人民法院关于审理婚姻家庭案件若干问题的解答》和《江苏省高级人民法院关于审理婚姻家庭纠纷案件的最新解答》作出了明确的回应。

《浙江省高级人民法院关于审理婚姻家庭若干问题的解答》

十五、婚姻关系存续期间，夫妻一方为子女购买的保险，在离婚时可否作为夫妻共同财产予以分割？

答：婚姻关系存续期间，夫妻一方为子女购买的保险视为双方对子女的赠与，不作为夫妻共同财产分割。

《江苏省高级人民法院关于审理婚姻家庭纠纷案件的最新解答》

40、离婚案件中对于人身保险合同应如何处理？

（3）为子女购买人身保险的处理

婚姻关系存续期间，夫妻一方或双方为未成年子女购买的人身保险获得的保险金，如果未成年子女未死亡，应专属于未成年子女所有。如果未成年子女死亡，则保险金属于未成年子女的遗产。

离婚时，如果为未成年子女购买的人身保险合同尚处于保险有效期的，保险的最终利益归属于未成年子女，该保险应视为对子女的赠与，不应作为夫妻共同财产分割。

父母为子女购买保险是对子女的一种照顾和安排，若在父母离婚时退保、分割现金价值，对子女来说是不利的，所以这类保单在父母离婚时倾向于不分割。因此，为子女购买保单，不仅可以保护子女，也可以为自己保全一部分财产。需要注意的是，浙江省和江苏省高级人民法院的解答并非法律，虽然在实践中有指导作用，但不排除在个别案件中法官会基于案情作出例外判决。

（2）生存金。

年金保险的生存金属于被保险人，即子女，不属于投保人夫妻双方的共同财产，在他们离婚时无须分割。这部分资金可以用于子女的教育、生活等长期需求，保证子女的教育和生活品质不受影响。

（3）重大疾病理赔金。

如果子女作为被保险人罹患重大疾病，保险公司会支付理赔金，这笔钱是子女的个人财产，不会因父母离婚而被分割。

（4）身故保险金。

如果子女不幸去世，保险公司会将身故保险金赔付给指定的受益人。身故保险金是受益人的个人财产，在其离婚时不会被分割。

但是，父母为未成年子女购买人寿保险的额度是有限制的。《中国保监会关于父母为其未成年子女投保以死亡为给付保险金条件人身保险有关问题的通知》（保监发〔2015〕90号）的规定如下。

一、对于父母为其未成年子女投保的人身保险，在被保险人成

年之前,各保险合同约定的被保险人死亡给付的保险金额总和、被保险人死亡时各保险公司实际给付的保险金总和按以下限额执行:

(一)对于被保险人不满10周岁的,不得超过人民币20万元。

(二)对于被保险人已满10周岁但未满18周岁的,不得超过人民币50万元。

这是监管部门的强制性规定。之所以如此,是因为未成年人基本不具备民事行为能力,风险辨别能力弱,自我保护意识也不强。这是为了保护未成年人,防止监护人贪图高额保险金而将子女致伤、致残、致死。

综上所述,保险在婚姻规划中有很好的功能,主要体现在以下四个方面。

第一,锁定财富。保险有很好的财富锁定功能。保单上有明确的时间、金额、姓名,以此牢牢锁定自己的婚前财产,不使其和婚后的其他财产混同。

第二,降低风险。虽然若投保人和被保险人为夫妻一方,在离婚时要分割保单的现金价值和万能账户价值,但前期现金价值一般比总保费低,因此在发生婚姻风险时保险可以降低要分割的财产额度。此外,夫妻给子女购买的保险一般会被视为对子女的赠与,在夫妻双方离婚时不予分割。

第三,控制财富。投保人掌控着保单的现金价值和万能账户,对保单有绝对的掌控权。父母作为投保人,不仅可以给子女钱,也可以控制财富,还可以帮子女在婚姻中守护好财富。

第四，灵活方便。保单中的投保人、受益人是可以变更的，而且变更不会花费太多的时间和金钱，也没有次数限制。因此，在家庭结构发生变化时，我们可以通过变更投保人和受益人，让保单一直能满足家庭的需求。

（二）财富传承功能

如今，保险越来越受到人们的重视，原因之一是保险有很多强大的功能，其中之一就体现在财富传承上。

财富传承是一个综合、多元化的需求，因此，财富传承方案中不仅要包含婚姻风险、债务风险、税务风险的解决方案，还要有个人意愿的解决方案。从宏观层面来说，婚姻财富规划、债务隔离规划、税收规划本就是财富传承规划的一部分。

每个人都希望将财富按照个人意愿，通过简单的方式，无损地传给自己想给的人，并且保留对财富的控制权。从本书上篇案例中我们可以看出，法定继承、遗嘱继承不一定能保证个人意愿的实现，不仅继承手续麻烦，有一定的税费成本，而且还很难保留对财富的控制权。但保险可以解决上述问题。因此，保险是一个很好的财富传承工具，被称为"现金传承之王"，能对现金类财产起到很好的规划作用。

接下来，我们详细解读一下保险在财富传承中的优势。

保险在财富传承中的优势

- 手续简单
- 防范子女的婚姻风险
- 保证个人意愿和私密性
- 保留对财富的控制权
- 不用缴纳税和费
- 增加传承的财富

1. 手续简单

我们在本书第四讲中阐述过，无论是法定继承还是遗嘱继承，大都需要办理继承公证。在此过程中，继承人需要提交大量材料，比如死亡证明、财产证明、关系证明、意愿证明等，而且所有第一顺序继承人必须对财富分配方案达成一致。如果是遗嘱继承，则需要所有继承人对遗嘱一致认可，之后才能进行继承公证，否则就要去法院处理继承纠纷。这么复杂的手续既耗时又费力。

相比之下，保险传承的手续要简单得多。受益人在领取身故保险金时一般只需要提供以下材料。

（1）保单。纸质保单、电子保单都可以。如果保单丢失了，还可以申请补发。

（2）人身保险理赔申请书。在领取保险金时，受益人现场填写理赔申请书即可。

（3）受益人的身份证明、户籍证明，以及与被保险人的关系证明。身份证明、户籍证明就是身份证和居民户口簿。在指定受益人时，保单上通常会填写受益人和被保险人之间的关系，比如父母、配偶、子女等，所以受益人要提供与被保险人的关系证明。

（4）被保险人的身故证明。比如，被保险人的死亡证明、丧葬证明、户籍注销证明等。

（5）医院诊断证明和意外事故证明。若被保险人是因疾病身故的话，受益人则需要提供医院诊断证明；若被保险人是因意外身故的话，受益人则需要提供意外事故证明。

（6）活期存折首页的复印件或银行卡的复印件。受益人要提供自己的银行卡的复印件或活期存折首页的复印件，以领取保险金。

我们可以看出，以上这些材料要比继承公证的材料简单得多。如果被保险人指定了受益人，那么受益人一个人就可以领取保险金，不需要其他人配合，甚至其他人可能都不知道有这份保单，因此可以节省大量的时间和精力。

需要注意的是，如果没有指定受益人或受益人指定不明无法确定的，身故保险金会作为被保险人的遗产，按照法定继承来处理。这样，继承人在领取身故保险金时仍需要办理继承公证，因为保险公司无法判定谁是真正的继承人，需要公证机关提供材料。因此，被保险人最好明确指定受益人，否则保险就无法起到简化传承手续的作用。

此外，如果投保人和被保险人不一致，且投保人先于被保险人去世的话，就会触发投保人身故变更手续。该手续需要投保人的所有第一顺序继承人都到场或签字同意才能进行。因为在投保人去世之后，他名下的现金价值和万能账户价值会变成其遗产。投保人的第一顺序继承人在继承遗产时，同样需要办理继承公证。因此，如果投保人的年纪比较大，在必要的时候可以把投保人换成被保险人，以防止出现这样的局面。有些公司的保险产品可以设置第二投保人，也可以在一定程度上规避这样的风险。

2. 防范子女的婚姻风险

保险传承的好处之一是，财富不会因为子女的婚姻风险而外流。

我们在前文讲过，根据《民法典》第一千零六十三条和《八民纪要》第五条的规定，夫妻一方因受到人身损害获得的赔偿或者补偿属于个人财产，比如重大疾病保险、意外伤害保险、医疗保险赔付的保险金。此外，保险公司在被保险人去世之后赔给受益人的保险金，相当于被保险人用生命换来的钱，具有人身属性，因此是受益人的个人财产，离婚时不会被分割。如果这些钱通过法定继承的方式传给子女，则为子女的夫妻共同财产，离婚时会被分割。

3. 保证个人意愿和私密性

除保险当事人外，其他人（政府、司法、监管机构除外）无权查询保险信息。被保险人可以按照自己的意愿指定受益人，无须考虑其他继承人的意见，而且受益人领取保险金也不需要其他继承人配合。比如，父母作为被保险人指定大儿子为受益人，只要手续齐全，大儿子就可以领取保险金，其他继承人甚至可能都不知道这张保单的存在。因此，保险传承类似于"背靠背"的传承方式，对于关系复杂的家庭，可以起到缓解矛盾、避免财产纠纷的作用。

此外，受益人可以随时变更。被保险人甚至可以在临终之前变更受益人，确保财富传给自己最想给的人。而且，变更受益人是一件非常隐秘的事情，既不需要旧受益人签字，也不需要新受益人签字。甚至，连受益人可能都不知道自己成了受益人，或不再是受益人。

4. 保留对财富的控制权

我们在社会新闻中经常能够看到，父母把财富传给子女之后，子女就对父母不管不顾。相比于传统的财富传承方式，保险可以保留父母对财富的控制权，同时起到督促子女养老的作用，以维护家庭和谐。不过，要实现这一目的，父母需要充分利用变更受益人的功能。

保单受益人可以被多次，甚至无限次变更。因此，父母在指定子女做受益人之后，如果子女不孝顺，就可以随时变更受益人。

更改遗嘱有很大的不确定性，而且公证遗嘱需要排很长时间的队，中间可能还有很多变数，比如遗嘱没有来得及更改，遗嘱人就离世了。相较于更改遗嘱，变更受益人不仅不需要花钱，而且手续也相对简单。而且，在保险公司的系统设置下，每一次更改基本都能保证是有效的。

如今，在变更受益人时，当事人甚至不用亲自去保险公司，在相关 App、微信公众号上传一些材料即可，不仅便捷、简单，而且迅速生效。在当事人提交材料之后，基本上立刻就会生效，最迟会在审核之后的第二天生效。

5. 不用缴纳税和费

如果采取传统的传承方式,继承人需要缴纳相应的税和费。比如,在赠与房产和股权时,需要缴纳各种税和过户费。此外,继承公证也会收费,而且是按照财产比例收费的,即被继承人留下的财产越多,费用就越高,财产损失也就越多。但是,保单受益人在领取保险金时,无论是身故保险金还是生存保险金,既不需要办理继承公证,也不需要额外向保险公司支付各种费用,就可以实现财富的无损传承。

6. 增加传承的财富

保险具有杠杆功能,可以增加传给子女的财富。就传统的传承方式而言,假设财富总额是 1000 万元,在缴纳税费之后,传给子女的财富将不足 1000 万元。而通过保险这种方式传承的话,如果投保人交纳 1000 万元保费,那么将来传给子女的财富总额一定大于 1000 万元,同时还无须缴纳税费。

综上所述,保险是一种很好的财富传承工具,能对现金类财产起到很好的规划作用。有条件的家庭可以通过配置保险来传承一部分财富。至于保单架构设计,既可以选择父母为子女投保,也可以选择父母为自己投保,指定子女为受益人。

(三)债务规划功能

保险的核心功能是风险管理和财富规划,搭建合理的保单架构,在债务规划方面也可以起到一定的作用。如果我们不做任何规划,将所有的财富都集中在一个人身上,那么当这个人发生债务风险时,全部财富可能都会被执行。保险可以把财富分配到投保人、被保险人和受益人三个人身上。这样,权利分散了,风险也就被分散了。因为投保人、被保险人和受益人只能用自己的财产权利来清偿自己的债务。因此,在资产状况良好的情况下,可以通过合理的保险规划来降低财富风险,在一定程度上实现资产隔离。

需要注意的是,保险不能规避所有的债务。在实务中,也有很多保险被强制执行的案例。我们来看一下《最高人民法院关于人民法院民事执行中查封、扣押、冻结财产的规定(2020修正)》的相关规定。

第二条 人民法院可以查封、扣押、冻结被执行人占有的动产、登记在被执行人名下的不动产、特定动产及其他财产权。

未登记的建筑物和土地使用权,依据土地使用权的审批文件和其他相关证据确定权属。

对于第三人占有的动产或者登记在第三人名下的不动产、特定动产及其他财产权,第三人书面确认该财产属于被执行人的,人民法院可以查封、扣押、冻结。

商业保险产品属于上述规定的其他财产权利的范围。如果已经发生债务,投保人是不能通过购买大额保单来转移资产的。如果存在恶意串通、逃避债务的行为，可能还要承担相应的法律责任。

保险债务规划的原则是，"谁的债，用谁的钱来还"。接下来，我们来分析一下投保人、被保险人、受益人各自欠债的后果。

需要提前说明的是，进行以下分析的前提是投保人、被保险人、受益人是三个不同的人，且不存在夫妻关系，比如投保人是爷爷，被保险人是父亲，受益人是孙子。

1. 受益人欠债

当受益人欠债时，由于保单的现金价值和万能账户价值都是投保人的财产，所以不会被用来还债；由于保单的生存金是被保险人的财产，所以也不会被用来还债。在被保险人去世之后，受益人会领取身故保险金。由于身故保险金是受益人的财产，所以需要被用来还债。但是，若被保险人知道受益人欠债，则可以变更受益人，这样，身故保险金也就不会被用来偿还原受益人的债务。而如前文所述，变更受益人方便快捷又不花钱，因此可以起到快速隔离债务的作用。

2. 被保险人欠债

当被保险人欠债时，由于保单的现金价值和万能账户价值都是投保人的财产，所以不会被用来还债；由于每年领取的生存金和满期生存金是被保险人的财产，所以这些钱需要被用来偿还债务。但是，被保险人可以选择不领取生存金，将其转入万能账户。这样，生存金就成了投保人的财产，无须被用来偿还被保险人的债务，但需要被用来偿还投保人的债务。

为了更有效地防范这种风险，我们可以分析投保人与被保险人各自的经济状况及债务风险,并及时作出相应的动态调整。如果被保险人更容易陷入债务困境,就可以考虑将生存金转入万能账户中,以便更灵活地应对可能出现的债务问题。

保险在债务规划方面的作用还体现在,它可以改变资产的性质,因此可以隔离被保险人的遗产债务。如果不做债务规划,那么在被保险人身故后,其财产就会变成遗产,而遗产要先被用于清偿遗产债务,剩下的部分才能被继承。如果被继承人生前的债务太多,继承人可能就拿不到一分钱了。但受益人领取的身故保险金不是遗产,因此不会被用来清偿被保险人的遗产债务。

需要注意的是,根据《保险法》第四十二条的规定,如果没有指定受益人、指定受益人无效或无法确定,那么身故保险金就会成为被保险人的遗产,要按照法定继承来处理,就要清偿被保险人的债务。因此,在配置保单时,最好在保单中明确指定受益人,并且要保证受益人的有效性。

在指定身故受益人时要注意以下几点。

第一,如果考虑保险的债务隔离功能,那么最好指定子女为身故受益人,而不是配偶。如果身故受益人是配偶,一旦债务被认定为夫妻共同债务,那么即使配偶领取了身故保险金,也需要清偿债务。所以从隔离债务的角度来说,指定子女为受益人是更好的选择。

第二,最好指定多个受益人。如果只指定一个受益人,一旦受益人死亡或被认定为无效,就可能导致没有受益人。结果,保险金会成为被保险人的遗产,进而被用于偿债。指定多个受益人则可以避免发生这种情况。

此外，还可以指定受益人的份额和顺序。比如，可以指定大儿子的份额为 70%，小儿子的份额为 30%，或指定自己的父母为第二顺序受益人。设置多个层次的受益人，就可以保证总有受益人是有效的。

第三，离婚后要及时变更受益人。正如前文所讲，如果身故受益人是配偶，约定了姓名和身份，且夫妻双方在保单存续期内离婚，受益人的身份关系就会发生变化，进而会被认定为未指定受益人。这样，保险金就变成了被保险人的遗产，不仅无法起到隔离债务的作用，还要进行麻烦的继承公证。

3. 投保人欠债

如果投保人欠债，由于保单的现金价值和万能账户价值是其财产，所以要被用来清偿投保人的债务。因此，在设计保单架构时尽量不要让容易欠债的人及其配偶做投保人。

在司法实践中，很多地方高级人民法院发布了对保险强制执行的意见。比如，2015 年 3 月，浙江省高级人民法院发布了《关于加强和规范被执行人拥有的人身保险产品财产利益执行的通知》。其内容如下。

一、投保人购买传统型、分红型、投资连接型、万能型人身保险产品，依保单约定可获得的生存保险金、或以现金方式支付的保单红利、或退保后保单的现金价值，均属于投保人、被保险人或受益人的财产权。当投保人、被保险人或受益人作为被执行人时，该财产权属于责任财产，人民法院可以执行。

再比如，2018年7月，江苏省高级人民法院发布《关于加强和规范被执行人所有的人身保险产品财产性权益执行的通知》，进一步扩大了保险产品的执行范围，明确了保障型人身保险产品的财产利益同样可以被执行，并加强了法院在查询保单信息方面的支持力度。

一、保险合同存续期间，人身保险产品财产性权益依照法律、法规规定，或依照保险合同约定归属于被执行人的，人民法院可以执行。人身保险产品财产性权益包括依保险合同约定可领取的生存保险金、现金红利、退保可获得的现金价值（账户价值、未到期保费），依保险合同可确认但尚未完成支付的保险金，及其他权属明确的财产性权益。

人民法院执行人身保险产品财产性权益时，应遵守《中华人民共和国民事诉讼法》第二百四十三条、《最高人民法院关于人民法院民事执行中查封、扣押、冻结财产的规定》第五条的规定。例如，对于被保险人或受益人为被执行人的重疾型保险合同，已经发生保险事故，依保险合同可确认但尚未完成支付的保险金，人民法院执行时应当充分保障被执行人及其所扶养家属的生存权利及基本生活保障。

但是，在执行的过程中，法院基于善意执行、保障民生等原则，会考虑被执行人的生存权利和基本生活保障，以及保险产品类型和现金价值高低等因素，对特定的保险产品的现金价值的执行持谨慎态度。

此外，在司法实践中，法院也支持符合条件的第三人行使介入权，即赎回权，以保证保单持续有效。也就是说，如果被保险人和受益人认为强制退保损害了他们的权益，希望继续持有保单，可选择自行支付保单的现金价值来替代执行。这样，保单就不会被执行了。由于保险有杠杆作用，在投保后的前期，保单的现金价值一般会低于总保费，因此用较少的现金价值赎回保单后，未来依旧能享受保单带来的更多收益。这样既保护了后续的保险利益，又符合规定。由于保单的收益相对确定和安全，因此用现金价值赎回保单也不失为一个好的选择。

综上所述，保险可以通过灵活设置投保人、被保险人、受益人的方式，并善用低现金价值的保单，来做不同人的债务隔离规划。也就是说，保险本身的灵活性、财富权利重新分配、低现金价值赎回、债务隔离等优势，都能在一定程度上体现其债务隔离效果。

（四）税收筹划功能

在当前的经济环境下，保险作为一种长期、安全、灵活的资产配置工具，能有效地实现税务优化。

就终身寿险来说，被保险人在世的时候没有收益，因此没有缴纳个人所得税的风险。如果我们不购买终身寿险，拿同样的钱去做投资理财,那么投资理财的收益是需要缴纳个人所得税的。《中华人民共和国个人所得税法》的相关规定如下。

第二条 下列各项个人所得,应当缴纳个人所得税:

(一)工资、薪金所得;

(二)劳务报酬所得;

(三)稿酬所得;

(四)特许权使用费所得;

(五)经营所得;

(六)利息、股息、红利所得;

(七)财产租赁所得;

(八)财产转让所得;

(九)偶然所得。

居民个人取得前款第一项至第四项所得(以下称综合所得),按纳税年度合并计算个人所得税;非居民个人取得前款第一项至第四项所得,按月或者按次分项计算个人所得税。纳税人取得前款第五项至第九项所得,依照本法规定分别计算个人所得税。

在被保险人身故后,保险公司会一次性将身故保险金付给身故受益人。由于身故保险金为保险赔款,因此受益人无须缴纳个人所得税。《中华人民共和国个人所得税法》对此的相关规定如下。

第四条 下列各项个人所得,免征个人所得税:

（一）省级人民政府、国务院部委和中国人民解放军军以上单位，以及外国组织、国际组织颁发的科学、教育、技术、文化、卫生、体育、环境保护等方面的奖金；

（二）国债和国家发行的金融债券利息；

（三）按照国家统一规定发给的补贴、津贴；

（四）福利费、抚恤金、救济金；

（五）保险赔款；

（六）军人的转业费、复员费、退役金；

（七）按照国家统一规定发给干部、职工的安家费、退职费、基本养老金或者退休费、离休费、离休生活补助费；

（八）依照有关法律规定应予免税的各国驻华使馆、领事馆的外交代表、领事官员和其他人员的所得；

（九）中国政府参加的国际公约、签订的协议中规定免税的所得；

（十）国务院规定的其他免税所得。

前款第十项免税规定，由国务院报全国人民代表大会常务委员会备案。

就年金保险来说，被保险人可以领取生存金，而且生存金还可以进入万能账户复利计息，产生收益。目前，这些收益在实践中都不需要缴纳个人所得税。即使未来国家开始征税，年金保险也有税收递延的优势。与短期的理财产品不同，年金保险的生存金一般在5年后才开始领取，而且可以长期存放在万能账户中，进而推迟缴税的时间。

此外，保险具有一定的遗产税筹划的优势。由于身故保险金不是被保险人的遗产，因此即使我国未来开征遗产税，受益人领取身故保险金时也不需要缴纳遗产税。

七、适合用保险做财富传承规划的六类人群

（一）企业主

企业主不仅要管理和发展企业，还要考虑家庭财富与企业资产的隔离、拥有长期稳定的现金流，以保障家庭成员的生活，以及实现财富传承的平稳过渡。保险可以很好地帮助企业主实现这些目的。

首先，通过合理的保险规划，企业主可以将家庭财富与企业资产进行有效的隔离，避免企业的财务问题影响家庭财富的安全。企业主可以选择与企业关联少的人作为投保人，比如父母或成年子女，自己做被保险人，来购买终身寿险。在这种保单架构下，如果企业主未来发生财富风险，保险可以保护家庭财富不受损失。如果企业主发生意外，身故受益人领取的保险金并非企业主的遗产，无须偿还企业主生前的债务。此外，保险还能快速、无争议地传承财富，有助于家庭的和谐幸福。

其次，保险可以为企业主的家庭提供稳定的现金流，以平衡企业经营的风险，为家人的生活提供一份保障，让企业主在拼搏奋斗时不用担心家庭生活会受到影响。企业主在需要资金周转的时候，

可以使用保单进行贷款。保单贷款不需要审核资质,也不需要抵押其他财产,甚至不需要签订纸质合同。投保人可以直接在 App 上操作,基本上第二天就能到账,快速解决燃眉之急。

(二)家庭经济支柱

家庭经济支柱承担着整个家庭的开支。保障家庭日常生活、子女教育、养老等责任压在他们的身上,因此他们在财务规划上有着强烈的需求。保险可以为家庭经济支柱提供全面的保障和支持,确保家庭成员在家庭经济支柱发生意外或罹患重大疾病时能够获得充分的财务保障,并实现财富的有效传承。

首先,对家庭经济支柱而言,罹患重大疾病不仅会产生高额的医疗费用,还可能导致长时间的失业,进而导致收入中断,使家庭生活陷入困境。重疾险能够在家庭经济支柱罹患重大疾病时提供经济支持,比如支付高额的医疗费用、康复费用以及补偿家庭经济支柱因患病而造成的收入损失,帮助其家庭渡过难关,给其更多的休息和康复时间。

其次,年金保险能够减轻家庭经济支柱的压力,为其提供一份长期、稳定的被动收入,让其在特定的时期或关键时刻有财务保障。比如,年金保险可以在事业转型期提供经济支持,确保子女不同阶段的教育需求,以及在退休后定期提供养老金。

对家庭经济支柱而言,人寿保险也是必不可少的保障工具。通过购买人寿保险,家庭经济支柱可以确保即使自己去世后,家庭仍能维持稳定的经济状况，保障家庭成员的生活质量，同时实现无损的传承，不会引发家庭纷争。比如，在家庭经济支柱身故后，人寿保险会为其家庭成员提供一笔可观的身故保险金。这笔保险金可以用来维持家庭的生活水平，支付子女的教育费用，偿还房贷、车贷等债务，从而避免家庭陷入财务困境。

（三）子女婚嫁的人群

当子女逐渐长大，进入适婚年龄时，很多父母会考虑为子女的小家庭提供稳定的经济支持，以便为子女的未来提供全面的保障，同时也会防范子女的婚姻风险，以免造成家庭财富流失。保险能够很好地实现父母对子女未来的规划和保护。

父母可以通过购买年金保险、增额终身寿险或定额终身寿险来规划给子女的财富支持。拿年金保险来说，它不仅能帮助父母积累资金，还能通过复利实现资金的保值和增值。这样，在子女结婚或购房时，父母可以领取收益，减轻子女的经济压力，让他们能够更轻松地步入婚姻和独立生活。对于增额终身寿险，父母可以选择通过部分领取现金价值的方式来提取收益，给子女提供财富支持。

具体来说，父母可以自己作为投保人和身故受益人，让子女作为被保险人，来配置年金保险和增额终身寿险。这样的话，一方面，父母可以掌控保单的所有权，防止财富直接传给子女造成失控；另一方面，当子女未来发生婚姻风险时，由于父母是投保人，所以保单的现金价值不会被分割。需要注意的是，如果父母投保的是年金保险，则一定要搭配万能账户，防止子女在婚后领取的生存金被分割。

此外，父母还可以选择为自己投保定额终身寿险，并让子女作为身故受益人。这样，在父母去世之后，子女拿到的身故保险金为其个人财产，在离婚时同样不会被分割。这不仅能防止因子女发生婚姻风险而造成财富流失，同时还能将财富精准传承给子女，解决遗产继承问题。

（四）希望隔代传承的人群

对希望实现隔代传承的人群而言，保险是一种卓越的财富管理和传承工具。隔代传承不仅要考虑如何将资产安全、有效地传给孙辈，还要考虑在传承的过程中如何避免不必要的法律纠纷。保险因其独特的功能和法律属性，恰好能够满足隔代传承的需求，为家庭财富的长期稳定和精准传承提供保障。

有隔代传承需求的人群可以为自己购买终身寿险，并将孙辈设为身故受益人，这样在自己离世后，财富会以身故保险金的形式传给孙辈。虽然孙辈不是法定继承人，但作为指定受益人，不需要办理继承公证就可以直接领取身故保险金。因此，在隔代传承中，保险可以避免遗赠的风险，保证财富无损地传到孙辈手中。

（五）独生子女家庭

很多人认为独生子女家庭不需要做财富传承规划，这个想法是错误的。因为独生子女家庭并不意味着只有独生子女一个继承人，配偶、父母也是第一顺序继承人。很多时候，甚至爷爷、奶奶、外公、外婆也会参与到继承中。老人是否健在、是否愿意配合放弃继承等都会给财富传承带来很大的不确定性，再加上可能会出现转继承和逆继承的情况，独生子女不一定能顺利地拿到全部财产。因此，独生子女家庭需要用保险来确保财富能够无损地传承，同时防范子女的婚姻风险导致财富外流。

父母可以为自己购买保险，指定子女为受益人。这样做有以下三个好处：第一，父母能够自己掌控财富，以保障晚年生活的品质；第二，可以预防子女发生婚姻风险导致财富流失；第三，能够无损传承财富，避免复杂的传承手续。

（六）多子女家庭

对这类家庭来说，父母在抚养和教育各个子女的过程中会承受较大的经济压力。此外，在子女长大成人后，父母还要确保每个子女都能获得相对公平的经济支持。尤其是在家庭财富传承阶段，更需要一个明确的财富分配机制，避免财富分配不均而引发家庭纠纷，确保家庭内部的和谐与团结。

父母可以在经济状况好的时候，购买年金保险进行财务规划。

年金保险长期和稳定的收益能够帮助家庭保持良好的财务状况,并且在特定的时期或关键时刻能为他们提供财务保障。此外,终身寿险在多子女的家庭财富传承中也具有重要的作用。通过购买终身寿险,父母可以在去世后,将一笔确定的保险金按照其意愿分配给每个子女。这样可以绕过继承公证,避免因遗产分割而引发纠纷,维护家庭和谐。

八、保险传承财富的三个局限

作为一种财富传承工具,保险有其独特的优势,比如稳定性强、兼具保障属性和法律属性等,但也有一定的局限性。具体如下。

(1)能传承的资产种类较为单一。保险只能传承现金,无法传承其他类型的资产,比如理财产品、房产、股票、基金等。这意味着,保险无法满足多样化的财富传承需求。因此,在制订财富传承计划时,我们要综合考虑多种工具,确保覆盖全部的资产。比如,配置保险后,我们可以选择搭配使用遗嘱、家族信托或保险金信托等工具,以实现更全面的财富规划。

(2)在收益分配方面较为固定。保险通常是按照事先约定的金额来分配保险金,无法像家族信托等工具那样进行个性化的收益分配设置。这可能无法满足某些人在财富分配上的特殊需求。此外,保险受益人一般只能一次性领取全部身故保险金,这对受益人的财富管理能力有较高的要求。虽然一些保险公司推出了将保险金转换成年金且可以分批次领取的产品,但在实践中,受益人往往更倾向于一次性拿到全部保险金。因此,这种产品在实践中也不太常见。

(3)在受益人选择方面有一定的限制。通常情况下,由于合规和风控等因素,保险受益人只能是投保人或被保险人的直系亲属或特定的关系人。这限制了受益人的选择范围。如果我们希望将财富传承给更广泛的受益人,则可以搭配信托工具来实现个性化的传承。

第十六讲

信托：财富世代传承的"皇冠明珠"

过去几十年，我国居民的财富水平显著提升，我国开始进入"富足时代"。随着我国高净值家庭的数量及其财富量级快速增长，其对财富管理的综合化和个性化的需求也日趋旺盛。此外，我国第一批高净值人群已陆续进入财富传承期。

信托是财富传承中非常重要甚至必不可少的工具，也是一种很成熟的工具，因此，国外的很多高净值人士会选择用信托来传承财富。而在国内，信托处于发展期，相关的法律制度和配套流程还在逐步完善之中。但是，这并不影响信托被我国高净值人士青睐。数据显示，我国高净值人士的信托设立数量正在快速增加。接下来，我们为大家详细介绍一下信托。

一、信托的基础知识

（一）信托的起源与发展

信托是一个舶来品，在我国起步比较晚，所以很多人对它并不十分了解，觉得它只是一种投资理财产品。随着近年来我国信托业的快速发展，人们才逐渐认识到它在财富传承、资产配置以及心愿安排上可以发挥定制化的作用。其实，信托并不是新鲜事物，而是几千年来人类智慧的结晶。信托的发展主要可以分为以下五个阶段。

1. 原始的信托行为

关于信托的最早记载，可以追溯到 4000 多年前的古埃及。公元前 2548 年，一位古埃及人在遗嘱中指定其妻子继承财产，子女为受益人，并且为子女指定了监护人。这是古埃及的遗嘱托孤制度，我们可以从中隐约看出原始的信托架构。其中，财产的拥有者可以视为委托人，妻子可以视为受托人，子女可以视为受益人，监护人可以视为监察人。

虽然这种安排表面上看起来更像是遗嘱，但它已经初步具备了信托的要件，所以是原始的信托行为。

2. 信托遗赠制度

在古罗马时期，主要的继承方式是遗嘱。但只有贵族和罗马市民才有财产权，享有继承遗产的权利，奴隶和外来人没有继承遗产的资格。而且，只有成年、已婚的男性才可以继承遗产。也就是说，如果一个人没有孩子，或只生了女孩，或生了男孩但男孩没有成年结婚，那么他的财富就没有办法按照其心愿进行传承。为了解决这种困境，古罗马人发明了信托遗赠制度，并首次以法律的形式确定了这种制度。

什么是信托遗赠制度呢？在继承人没有继承权时，古罗马人将自己的财产转移给其信任的、有继承资格的第三人，并且要求第三人代为管理和处分遗产，最后遗产的收益归被继承人的妻子和子女所有。我们可以看出，此时信托已经初见雏形。具体来说，财产的拥有者是委托人，第三人是受托人，妻子和子女是受益人。

但是，此时的信托还只是一种财富安排，不以营利为目的，没有形成有目的的经营，所以并不具有经济上的意义。

3. 尤斯制度

13世纪的英国，宗教盛行，教会拥有很大的权力。教会向信徒传达一种理念：信徒把财富捐赠给教会，死后灵魂就可以上天堂。很多信徒基于宗教信仰，把自己的土地无偿转让给教会，这使得教会持有的土地越来越多。

当时英国的法律规定，教会持有的土地不用向国家缴税。因此，随着教会持有的土地越来越多，君主征收土地税变得越来越困难。于是，亨利三世颁布了《没收条例》，其中规定：信徒把土地转让给教会必须经过国王的许可，如果国王不同意，就不能转让，否则就把土地没收。

当时英国的很多法官也是信徒。为了应对《没收条例》，他们参照罗马法中的信托遗赠制度创立了尤斯制度。这个制度的大致内容是：信徒把土地先转让给第三人，这不需要国王同意，然后第三人再把土地的收益给教会。这样，虽然教会没有使用土地的权利，但可以享有土地带来的利益。尤斯制度具备一个完整的信托架构，其中委托人是把土地转让出去的人，受托人是第三人，受益人是教会。

尤斯制度大大触犯了君主的利益。经过很长时间的权力斗争，英国的封建制度衰落，资产阶级革命取得胜利，民事信托制度最后被确定了下来。17世纪，尤斯制度慢慢发展为信托制度，并在19世纪形成了近代较为完善的民事信托制度。所以，我们一般认为近代信托起源于英国。

4. 现代信托

近代信托起源于英国，现代信托则在美国发扬光大。由于美国的商品经济更加发达，信托的用途大大被扩展。1822年，美国成立了世界上第一家信托公司，这是一个专门通过信托获取收益的法人组织。从此，个人受托变成了法人受托，民事信托变成了商事信托，无偿信托变成了有偿信托。而且，信托还可以被用于证券投资、公司管理和公益慈善，范围也变得更广了。20世纪初，信托传入了日本。日本又推出了贷款信托、财产信托等新的业务。现代信托制度日趋完善。

5. 中国的信托

信托在中国的起步比较晚。1921年8月，上海成立了我国第一家内资专业信托投资机构——中国通商信托公司。1979年10月，由邓小平亲自批准，前国家副主席荣毅仁创办了中国国际信托投资公司，即中信集团的前身。自此，新中国的信托正式落地生根。

2013年1月，平安信托设立了国内第一单家族信托，总规模为 5000 万元。2014 年 5 月，中信信托联合中信保诚落地了国内第一单保险金信托。2023 年，我国信托业的资产规模已经达到了 23.92 万亿元。

（二）信托的定义

从字面上理解，信托就是基于信任把自己的财产托付给别人。我们来看一下《中华人民共和国信托法》（以下简称《信托法》）对信托定义的规定。

第二条　本法所称信托，是指委托人基于对受托人的信任，将其财产权委托给受托人，由受托人按委托人的意愿以自己的名义，为受益人的利益或者特定目的，进行管理或者处分的行为。

信托结构示意图

根据上述法条的规定，我们可以知道，信托是围绕委托人、受托人和受益人这三个主体的权利和义务展开的，涉及信托财产的转移、管理和信托利益的分配。具体来说，委托人把自己的财产委托给受托人，受托人根据信托合同代替委托人管理财产，并把最终的信托利益分配给受益人。

1. 委托人

委托人是出资设立信托的人。在家族信托中，委托人通常是家族财富的拥有者和掌控者。我们来看一下《信托法》的相关规定。

第十九条　委托人应当是具有完全民事行为能力的自然人、法人或者依法成立的其他组织。

2. 受托人

受托人是按照委托人的意愿管理信托财产、处理信托事务的人。我们来看一下《信托法》对此的规定。

第二十四条　受托人应当是具有完全民事行为能力的自然人、法人。法律、行政法规对受托人的条件另有规定的，从其规定。

《信托法》对受托人是自然人还是法人没有做强制性的规定，但在实务中家族信托和保险金信托的受托人都是信托公司，即法人。

3. 受益人

受益人是享有信托受益权的人。我们来看一下《信托法》的相关规定。

第四十三条 受益人是在信托中享有信托受益权的人。受益人可以是自然人、法人或者依法成立的其他组织。

委托人可以是受益人，也可以是同一信托的唯一受益人。

受托人可以是受益人，但不得是同一信托的唯一受益人。

信托的受益人范围比保险的受益人范围更广。委托人及其子女、配偶、父母、兄弟姐妹、其他后代等家族成员，机构、组织，甚至未出生的人都可以成为信托的受益人。而保险的受益人一般只能是与投保人、被保险人有亲属关系的人。

虽然受益人是信托的三大主体之一，但设立信托无须受益人参与。也就是说，委托人与受托人达成一致即可设立信托，无须受益人同意或知晓。

（三）信托财产的独立性

信托财产的独立性表现在，信托财产独立于委托人未设立信托的其他财产、独立于受托人的固有财产、独立于受益人的财产。我们来具体分析一下。

1. 信托财产独立于委托人未设立信托的其他财产

根据信托原理，委托人将信托财产转移给受托人之后，信托财产的所有权就发生了转移，因此信托财产能够与委托人未设立信托的其他财产相区分。这是信托框架安排的核心,是信托财产具有独立性的基础,也是信托关系与保险关系等其他财富关系的重要区别。正因如此,委托人的债权人原则上不能对信托财产主张权利。

需要注意的是,信托能隔离资产的前提是委托人不是唯一的受益人,即信托是他益信托,受益人除委托人外,还有其他人。我们来看一下《信托法》的相关规定。

第十五条 信托财产与委托人未设立信托的其他财产相区别。设立信托后,委托人死亡或者依法解散、被依法撤销、被宣告破产时,委托人是唯一受益人的,信托终止,信托财产作为其遗产或者清算财产;委托人不是唯一受益人的,信托存续,信托财产不作为其遗产或者清算财产;但作为共同受益人的委托人死亡或者依法解散、被依法撤销、被宣告破产时,其信托受益权作为其遗产或者清算财产。

根据上述法条的规定,如果受益人只有委托人自己,即信托为自益信托,那么这种信托是没有资产隔离功能的。如果委托人负债,那么信托财产就会作为委托人的责任财产来清偿债务。因此,集合资金信托计划作为自益信托,并没有资产隔离功能;而家族信托和保险金信托作为他益信托,则具有强大的资产隔离功能。

2. 信托财产独立于受托人的固有财产

受托人因委托人的委托而取得的信托财产,以及通过对信托的管理、运用、处分等方式取得的信托财产,均独立于其固有财产。这也是信托财产独立性的关键。我们来看一下《信托法》的相关规定。

第十六条　信托财产与属于受托人所有的财产（以下简称固有财产）相区别，不得归入受托人的固有财产或者成为固有财产的一部分。

受托人死亡或者依法解散、被依法撤销、被宣告破产而终止，信托财产不属于其遗产或者清算财产。

第二十九条　受托人必须将信托财产与其固有财产分别管理、分别记帐，并将不同委托人的信托财产分别管理、分别记帐。

由上述法条可知，当信托公司资不抵债或破产时，信托财产不属于其清算财产，因此不能被用来清偿信托公司的债务。所以，委托人不必担忧信托公司会侵占、挪用信托财产来偿还债务或进行其他不当的处置。

3. 信托财产独立于受益人的财产

虽然《信托法》没有明确规定信托财产独立于受益人的财产，但是最高人民法院发布的《全国法院民商事审判工作会议纪要》，即《九民纪要》明确指出："信托财产在信托存续期间独立于委托人、受托人、受益人各自的固有财产。""受益人对信托财产享有的权利表现为信托受益权，信托财产并非受益人的责任财产。"因此，如果受益人不能清偿到期债务，那么债权人不能对信托财产采取保全措施或强制执行。

95.【信托财产的诉讼保全】信托财产在信托存续期间独立于委托人、受托人、受益人各自的固有财产。委托人将其财产委托给受托人进行管理，在信托依法设立后，该信托财产即独立于委托人未设立信托的其他固有财产。受托人因承诺信托而取得的信托财产，以及通过对信托财产的管理、运用、处分等方式取得的财产，均独立于受托人的固有财产。受益人对信托财产享有的权利表现为信托受益权，信托财产并非受益人的责任财产。因此，当事人因其与委托人、受托人或者受益人之间的纠纷申请对存管银行或者信托公司专门账户中的信托资金采取保全措施的，除符合《信托法》第17条规定的情形外，人民法院不应当准许。已经采取保全措施的，存管银行或者信托公司能够提供证据证明该账户为信托账户的，应当立即解除保全措施。对信托公司管理的其他信托财产的保全，也应当根据前述规则办理。

不过，如果信托合同中没有特别约定的话，那么受益人是可以用信托受益权来清偿债务的。因此，在实务中，委托人为了避免受益人用信托受益权来清偿债务，通常会在信托合同中约定受益人的信托受益权不得清偿债务。我们来看一下《信托法》的相关规定。

第四十七条　受益人不能清偿到期债务的，其信托受益权可以用于清偿债务，但法律、行政法规以及信托文件有限制性规定的除外。

需要特别说明的是，当受益人领取信托利益后，这部分财产会成为受益人的个人财产。这部分财产和受益人的其他财产没有区别，需要被用来清偿受益人的债务。但是，信托的妙处就在于灵活分配，因此当受益人欠债时，委托人可以选择不分配收益，进而更好地发挥信托隔离受益人债务的功能。

（四）信托财产不得被强制执行

因为信托财产独立于委托人、受托人、受益人各自的财产，所以在他们不能清偿到期债务时，信托财产不得被强制执行，但法律明确规定的情形除外。我们来看一下《信托法》的相关规定。

第十七条　除因下列情形之一外，对信托财产不得强制执行：
（一）设立信托前债权人已对该信托财产享有优先受偿的权利，并依法行使该权利的；
（二）受托人处理信托事务所产生债务，债权人要求清偿该债务的；
（三）信托财产本身应担负的税款；
（四）法律规定的其他情形。
对于违反前款规定而强制执行信托财产，委托人、受托人或者受益人有权向人民法院提出异议。

根据上述法条的规定，我们可以知道，除了以下四种情形，信托财产不得被强制执行，否则委托人、受托人、受益人有权向人民法院提出异议。
（1）优先受偿权。如果在设立信托前，债权人已经对信托财产享有优先受偿的权利，那么这意味着在设立信托时，信托财产是有权利瑕疵的。在这种情况下，债权人可以依法行使优先受偿权。

（2）信托事务债务。因为信托财产本身是独立的，所以受托人运作信托财产的支出要由信托财产承担。这意味着，受托人为了实现信托目的，管理信托财产而产生的债务属于信托财产的债务，债权人可以向法院申请对信托财产进行强制执行以清偿债务。但受托人违背管理职责或处理信托事务不当所负的债务，应该自己承担。《信托法》对此的规定如下。

第三十七条　受托人因处理信托事务所支出的费用、对第三人所负债务，以信托财产承担。受托人以其固有财产先行支付的，对信托财产享有优先受偿的权利。

受托人违背管理职责或者处理信托事务不当对第三人所负债务或者自己所受到的损失，以其固有财产承担。

（3）信托财产应承担的税款。受托人在管理、运用或处分信托财产时，需要依法缴纳税款。如果受托人未及时缴纳税款，税务部门可以申请对信托财产进行强制执行以追缴税款。

（4）法律规定的其他情形。这条是兜底条款。

总之，除了以上四种情况，信托财产不得被强制执行。如果委托人使用拥有完整权利的财产合法地设立他益信托，且没有恶意避债的目的，几乎可以完美地实现资产隔离。

（五）信托的分类

根据不同的标准，信托可以分为不同的种类。

1. 单一信托和集合信托

根据委托人的数量，信托可以分为单一信托和集合信托。单一信托指的是委托人只有一个的信托，也就是信托财产只来源于一个人或一个家庭，比如家族信托、保险金信托。集合信托指的是委托人有两个或两个以上的信托，比如集合资金信托计划。

2. 自益信托和他益信托

根据受益人是否只有委托人自己，信托可以分为自益信托和他益信托。自益信托指的是委托人自己作为受益人的信托，而且受益人通常只有委托人一个。最常见的自益信托是集合资金信托计划。比如投资者购买一个三年期的集合资金信托计划，认购了300万元，到期之后收益会打到其银行卡上。他益信托指的是委托人不是唯一受益人的信托，受益人可能还有委托人的配偶、子女、父母等其他人，比如保险金信托和家族信托。只有他益信托具有资产隔离的功能。

3. 资金信托、财产权信托、动产信托和不动产信托

根据信托财产的性质，信托可以分为资金信托、财产权信托、动产信托和不动产信托。资金信托委托的是资金，财产权信托委托的是一种权利，动产信托委托的是交通工具或艺术品等动产，不动产信托委托的是不动产。在家族信托中，信托财产可以是多种多样的，比如资金、字画、不动产、股权等。保险金信托属于财产权信托。委托人把保险金请求权转让给信托公司，由信托公司进行管理和处分。在保险金信托设立之后，委托人可以继续追加资金。

4. 在岸信托和离岸信托

根据设立地点，信托可以分为在岸信托和离岸信托。在岸信托

指的是在中国境内设立并运行的信托。离岸信托指的是在中国境外设立并运行的信托。

5. 资产服务信托、资产管理信托和公益慈善信托

2023年3月20日，原中国银保监会发布了《中国银保监会关于规范信托公司信托业务分类的通知》（银保监规〔2023〕1号，以下简称《信托三分类新规》），从监管层面第一次对信托业务做了非常明确的、具体的划分，将信托分为资产服务信托、资产管理信托和公益慈善信托。

（1）资产服务信托。资产服务信托是指信托公司接受委托人的委托，并且根据委托人的需求为其量身定制财富规划，以及代际传承、托管、破产隔离和风险处置等专业的信托服务。资产服务信托侧重服务。按照服务的内容和特点，资产服务信托又可以分为财富管理服务信托、行政管理服务信托、资产证券化服务信托、风险处置服务信托以及新型资产服务信托5类，一共19个业务品种。我们熟悉的家族信托、保险金信托、遗嘱信托都属于财富管理服务信托。

（2）资产管理信托。资产管理信托是指信托公司依据信托法律关系设计信托产品，并且为信托产品的投资者提供投资和管理金融服务的自益信托。资产管理信托侧重对资产的管理。按照投向标的、产品性质，资产管理信托又可以分为固定收益类信托计划、权益类信托计划、商品及金融衍生品类信托计划、混合类信托计划4个业务品种。

（3）公益慈善信托。公益慈善信托是指基于公益慈善的目的，为了公共利益，将财产委托给信托公司，由信托公司按照委托人的意愿，以信托公司的名义进行管理和处分，开展公益慈善活动的信托业务。按照信托目的，公益慈善信托又可以分为慈善信托和其他公益信托 2 个业务品种。

信托公司信托业务新分类简表

服务实质＼业务品种	是否募集资金	受益类型	主要信托业务品种	
资产服务信托业务	不涉及	自益或他益	财富管理服务信托	家族信托
				家庭服务信托
				保险金信托
				特殊需要信托
				遗嘱信托
				其他个人财富管理信托
				法人及非法人组织财富管理信托
			行政管理服务信托	预付类资金服务信托
				资管产品服务信托
				担保品服务信托
				企业/职业年金服务信托
				其他行政管理服务信托
			资产证券化服务信托	信贷资产证券化服务信托
				企业资产证券化服务信托
				非金融企业资产支持票据服务信托
				其他资产证券化服务信托
			风险处置服务信托	企业市场化重组服务信托
				企业破产服务信托
			新型资产服务信托	
资产管理信托业务	私募	自益	集合资金信托计划	固定收益类信托计划
				权益类信托计划
				商品及金融衍生品类信托计划
				混合类信托计划
公益慈善信托业务	可能涉及募集	公益	公益慈善信托	慈善信托
				其他公益信托

资料来源：国家金融监督总局官网

二、家族信托：功能、设立和适用人群

（一）家族信托的定义

《信托三分类新规》对家族信托的定义进行了详细的说明。我们来看一下。

1.家族信托。信托公司接受单一自然人委托，或者接受单一自然人及其亲属共同委托，以家庭财富的保护、传承和管理为主要信托目的，提供财产规划、风险隔离、资产配置、子女教育、家族治理、公益慈善事业等定制化事务管理和金融服务。家族信托初始设立时实收信托应当不低于1000万元。受益人应当为委托人或者其亲属，但委托人不得为唯一受益人。家族信托涉及公益慈善安排的，受益人可以包括公益慈善信托或者慈善组织。单纯以追求信托财产保值增值为主要信托目的、具有专户理财性质的信托业务不属于家族信托。

根据上述规定，我们可以知道，家族信托至少需要1000万元才能设立。此外，家族信托不是一个标准化的金融产品，而是一个保护、传承、管理财富的工具，是一系列个性化、定制化的复杂综合的财富安排和事务安排。而且，家族信托是他益信托，因此委托人不得为唯一受益人。

（二）家族信托的功能

1. 资产隔离

正如上文所讲，信托财产具有独立性，正常情况下不得被强制执行，这是家族信托具备强大资产隔离功能的基础。

设立家族信托之后，信托财产会和委托人未设立信托的财产相隔离。因此，家族信托可以很好地隔离委托人的债务。但是，在设立家族信托时，信托财产和信托目的应当合法，否则家族信托很可能会被"击穿"。比如，委托人为了恶意避债而把财产装入家族信托，这会损害债权人的利益，结果导致信托财产有被追回的风险。总之，虽然家族信托能保护家族财富，但不能成为恶意避债的工具。

2. 防范婚姻风险

家族信托可以隔离委托人的婚姻风险。实践中，委托人设立家族信托时，需要签署配偶同意函，即委托人的配偶同意将家庭财产装入家族信托，以及对信托财产的后续处分，同时放弃对信托财产主张权利。因此，在设立家族信托之后，如果委托人离婚，则其配偶无法主张分割信托财产，只能作为受益人按照信托条款的约定领取信托利益。但委托人可以变更受益人，因此离婚后其配偶可能无法继续领取信托利益。

除了隔离委托人自身的婚姻风险，家族信托还可以隔离受益人的婚姻风险，防止因受益人离婚而导致财富流失。信托合同中一般会约定，受益人获得的信托利益为其个人财产，不是夫妻共同财产。因此,当受益人出现婚姻风险时,其获得的信托利益不会被分割。此外,家族信托的存续时间通常很长,因此特别适合作为受益人的婚姻风险防范工具。

3. 财富保值增值

我们在做财富安排时,都希望财富能够保值,甚至增值。家族信托的管理一般会有投资顾问参与。投资顾问在投资领域有较强的专业优势,他们投资经验丰富,投资策略稳健,能够很好地保障委托人的利益。

此外,家族信托可投资的标的范围非常广,可以做多元化的投资组合,因此家族信托的收益一般会略高于同风险等级和同资金量级的理财产品的收益。

不过,虽然家族信托可以实现财富的保值、增值,但是其主要目的并非单纯地追求投资收益,而是家族财富的保护与传承。《信托三分类新规》对此也进行了明确的规定。因此,家族信托的投资策略以稳健为主。

4. 财富传承

财富传承是家族信托的核心功能之一。信托财产不在委托人的名下,因此在委托人离世之后,不会计入其遗产范围,而是会按照信托合同的约定分配给受益人。这种特殊的机制可以为家族财富传承留出充足的规划空间。具体体现在以下八个方面。

(1)手续简便。受益人在领取信托利益时无须办理继承公证,手续简便。此外,受益人自己即可领取信托利益,无须其他人配合。因此,无论是独生子女家庭、多子女家庭,还是关系复杂的家庭，家族信托都是一个不错的传承工具。

（2）债务隔离功能。受益人领取的信托利益不是委托人的遗产，所以无须清偿委托人生前的债务。

（3）受益人范围广。比如，委托人及其配偶、父母、子女、祖父母、外祖父母、兄弟姐妹、孙辈等家族成员，甚至慈善机构和未出生的人都可以作为信托受益人。实践中，委托人一般会约定自己的后代直系亲属作为信托受益人，比如子女、孙子女等。

（4）个性化的传承方案。委托人可以在信托合同中约定受益人的领取条件和领取金额，因此受益人领取信托利益的方式多种多样。比如，委托人可以约定，子女在18岁之前领取少量的生活费，以避免大量财富被其监护人挪用；子女在18岁之后多领取一些生活费；子女在退休之后领取养老金。当然，考虑到通货膨胀的存在，生活费可以逐年递增。

再比如，委托人可以约定，子女考上了大学或研究生，可以凭录取通知书领取学业奖励金；子女考上了211、985、QS世界大学排名前100的名校，可以领取更多的学业奖励金；子女结婚时可以领取一笔婚嫁金，且婚嫁金是子女的个人财产，不是夫妻共同财产；子女在婚姻存续满10年、20年、30年时，可以分别领取祝福金；子女在生育时，可以领取生育奖励金；若子女有赌博、吸毒等恶习和违法犯罪情形，可以取消其分配资格。

综上所述，家族信托的分配方式是极其灵活的，在多种排列组合之下可以实现多种场景下的定制化传承需求。而且，家族信托除了可以进行资产管理，还可以进行事务管理。

（5）传承多种形式的财富。委托人可以把现金、房产、股权、艺术品等财产，都装入家族信托。如果委托人的财产太多，无暇管理，就可以把财产装入信托，让信托公司集中管理。这样既能节约时间、精力，又能实现财富传承，还能隔离风险。当然，委托人还可以设置信托保护人或监察人，来监督家族信托的运作，避免因受托人管理不善而导致财富流失。

（6）控制权。在财产进入家族信托之后，委托人依旧可以根据信托合同行使一定的权利，不会失去对财产的控制权。委托人也可以把自己设置为受益人，这样就不用担心自己的养老问题，也不用担心子女拿到财产之后不孝顺。需要注意的是，委托人不宜保留太多的控制权，防止信托被"击穿"，失去风险隔离的优势。这需要委托人进行综合权衡。

（7）长久性。家族信托的存续期很长，甚至可以无限期存续，因此可以实现长久的财富传承。在国外，很多家族信托可以和家族一起延续百年以上，确保家族长久兴旺发达。

（8）预防纠纷。通过家族信托的条款设计和利益分配，委托人可以实现自己的传承心愿，预防传承纠纷，化解继承人之间的矛盾，也可以防止股权分散导致公司经营决策困难。

通过上述分析，我们发现家族信托几乎可以解决本书上篇中提到的所有风险，是绝佳的财富传承工具。此外，家族信托还可以通过合理的资产安排、个性化的传承规划、独特的架构设计和法律功用，实现对后代的约束和鼓励。这样，一方面可以避免后代挥霍财产，使家族资产缩水，保证后代生活富足；另一方面也可以鼓励家族成员共同践行家族的价值观，携手发展。在委托人身故之后，家族的价值观还可以继续得到传承与延续。

5. 合理节税

家族信托也是一种常用的遗产税筹划工具。目前，我国尚未开征遗产税，但世界上许多国家在征收遗产税，且有缴纳巨额遗产税的实际案例。如果未来我国开征遗产税，遗产数量庞大的话就可能造成很大的财富损失。而进入家族信托的财产与委托人的个人财产相区分，在委托人离世之后不计入遗产，因此不用缴纳遗产税。

6. 保护隐私

家族信托可以发挥保护隐私的作用，尤其是对股权。当股权进入家族信托之后，会由信托公司来持有股权，这样其他人就看不到具体的持有人和持有比例了。其他财产也大致如此。因此，如果委托人不愿意将财产在他人面前公示，就可以将财产放到家族信托中，而且信托利益分配给受益人也不会被公开，可以保护受益人的隐私。

此外，信托公司在管理家族信托时也会保护委托人及其家族的隐私。《信托法》的相关规定如下。

第三十三条 受托人必须保存处理信托事务的完整记录。

受托人应当每年定期将信托财产的管理运用、处分及收支情况，报告委托人和受益人。

受托人对委托人、受益人以及处理信托事务的情况和资料负有依法保密的义务。

7.慈善功能

家族信托也可以被用于家族的慈善事业。委托人可以将受益人设置为慈善机构或慈善信托,把一部分财富用于慈善事业,履行家族的社会责任。这不仅可以提高家族的声誉,实现家族的社会效益,还可以传承家族精神。

(三)家族信托的缺点

(1)家族信托的设立门槛较高。在我国,家族信托的设立资金起点通常为 1000 万元,主要适用于高净值人群。

(2)在家族信托的设立和运营的过程中,信托公司会收取一定的设立费和管理费等。具体的费率因信托公司而异。

(3)家族信托一旦设立,委托人就不能再自由地支配信托财产。虽然受托人须按照信托合同管理财产,委托人也保留了部分权利,但从法律上讲,委托人失去了信托财产的所有权和直接控制权,对信托财产的管理不会像其在自己的名下时那样灵活。因此,家族信托不太适合对财富有强烈掌控欲的人。

(四)家族信托的设立流程

家族信托是一种复杂的金融工具,广泛应用于家族财富的保护和传承。设立家族信托的流程十分严谨,通常包括以下几个步骤:意向沟通、背景调查、财产尽调、方案设计和沟通、信托公司项目申报审批、报送监管部门备案、项目成立和投资配置。

不过，由于设立家族信托的渠道有很多种，除直接去信托公司设立外，许多高净值人士还会通过私人银行、保险公司、证券公司、财富管理公司和家族办公室等机构设立家族信托，因此设立流程会有所差别。

一般情况下，家族信托的设立流程包含以下八个步骤。

1. 意向沟通

（1）初步咨询。首先，委托人（信托发起人）需要初步咨询信托公司、私人银行、保险公司、证券公司、财富管理公司、家族办公室或律师事务所等机构，了解家族信托的基本概念、优势和设立流程。

（2）明确需求。通过沟通，委托人明确设立家族信托的目的和需求，比如资产保护、税务筹划、家族治理和财富传承等。

2. 背景调查

（1）收集背景信息。信托公司或相关机构收集委托人的背景信息，包括财务状况、家族成员情况和资产分布等。

（2）风险评估。信托公司或相关机构分析可能的法律和财务风险，以确保信托的设计能够满足委托人的需求，并符合相关法律法规。

3. 财产尽调

（1）编制财产清单。委托人编制详细的财产清单，明确哪些资产将被转移到信托中，比如现金、股票、房产、企业股权以及其他有价值的财产等。

（2）资产评估。信托公司或相关机构对委托人拟转移的资产进行评估，确定其市场价值和法律状态，确保这些资产可以被合法地转移到信托中。

4. 方案设计与沟通

（1）制定信托方案。委托人在专业人士的协助下制定信托方案，包括确定信托类型、信托期限、信托受益人、信托财产和分配条款等。

（2）方案沟通和调整。信托公司或相关机构会与委托人进行多次沟通，根据其反馈对信托方案进行调整和优化，确保信托方案能够实现其预期目标。

5. 信托公司项目申报审批

（1）内部审批。信托公司对拟设立的家族信托项目进行内部审批，审核信托方案的可行性和合规性。

（2）风控审核。信托公司的风险管理部门对信托方案进行审核，确保方案符合公司的风险控制标准。

6. 报送监管部门备案

（1）准备备案材料。信托公司准备信托项目的备案材料，包括信托合同、财产清单、评估报告和相关法律文件。

（2）监管备案。信托公司将备案材料报送监管部门进行备案，确保信托项目符合监管要求并获得批准。

7. 项目成立

（1）签署信托合同。委托人、受托人和监察人（如有）共同签署信托合同和其他相关文件，正式设立家族信托。

（2）资产转移和登记。委托人将确定的信托财产依法转移到信托公司的名下。对于不同类型的资产，转移和登记的程序有所不同，比如现金需要通过银行转账，房产需要办理产权变更手续，股票和股权需要办理过户手续，等等。

8. 投资配置

（1）制定投资策略。信托公司根据信托合同的规定和委托人的风险偏好，制定信托财产的投资策略，确保资产的保值和增值。

（2）资产配置与管理。信托公司按照指定的投资策略进行资产配置和管理，定期向委托人和受益人报告信托运作情况和财务状况。

（五）适合设立家族信托的人群

1. 高净值人士

高净值人士的资产规模庞大，且形式多样、涉及范围广，所面临的资产管理挑战十分严峻。因此，对他们来说，进行专业的财富管理尤为重要。此外，很多高净值人士的家族关系错综复杂，存在着财富分配和继承的难题。

家族信托具有强大的财富整合能力，可以帮高净值人士将各类资产一起管理，一起传承。具体来说，设立家族信托之后，专业的投资顾问会了解高净值人士的风险偏好，为他们做投资决策，保障资产的安全和增值。同时，高净值人士通过家族信托可以设定多个受益人和个性化的分配方式，从而避免家庭纠纷，确保财产有序分配和传承。

2.企业主

企业主的财富与企业紧密相连。企业主都希望企业能够可持续发展，并将企业传给下一代。但在此过程中，企业主可能会遇到股权纠纷、债务问题、二代接班意愿不强、二代能力不足等问题。企业主同样可以选择家族信托这个金融工具。

首先，家族信托可以有效地隔离家庭资产和企业资产，避免企业经营风险影响到家庭资产的安全。其次，通过设置架构，家族信托可以持有企业的股权，确保在委托人身故后，企业的股权不会作为遗产被继承，从而避免股权分散导致继承人丧失对企业的控制权，保证企业的管理和运营不受家庭内部纠纷的影响。最后，委托人还可以在企业的股权变现后将资金装入家族信托，为后代提供稳定的生活保障。这对于二代接班意愿不强、二代能力不足的家庭尤为适合。总之，通过家族信托的安排，企业主可以确保家庭成员未来的生活有稳定的经济支持。

3.担心子女婚姻的人群

如今，我国的离婚率非常高。很多高净值人士担心，子女的婚姻不稳定会造成家庭财富损失。虽然父母无法左右子女的婚姻，但可以通过信托利益的分配来引导子女的婚恋观，确保财富在子女发生婚姻风险时不会外流。

比如，委托人可以在家族信托中约定，子女结婚时可以领取婚嫁金，但只能领取一次，引导子女谨慎对待婚姻；子女生育时可以领取生育金，一方面表达委托人对后代的关爱和祝福，另一方面引导子女多生育；子女的婚姻存续满 10 年、20 年、30 年时，可以领取祝福金，以表达对子女婚姻长久的祝福；子女从家族信托中领取的每一笔钱均为个人财产，不是夫妻共同财产，防止因发生婚姻风险而导致财富外流；如果子女意外离世，其信托受益权不得被继承，由其他顺位受益人领取，防止因子女发生人身意外风险而导致财富外流。

4. 关注财富传承的人群

法定继承和遗嘱继承不仅手续繁琐，而且费时费钱，因此这类人群希望能够找到一种更加简便的方式来处理财富传承的问题。此外，他们也希望能为子女做好一生的财富规划，比如在教育、婚姻生活、创业、买房、医疗保障等方面给予子女支持。

首先，家族信托可以简化财富传承的程序，因为信托利益的分配是通过预先制定的信托条款来执行的，而不是通过法定继承程序继承的。这意味着，当委托人去世时，受益人只需根据信托条款领取信托利益即可，无须办理复杂的继承公证手续。这不仅省时省力，还能避免继承中可能出现的家庭纠纷。

其次，委托人可以根据自己的需求，制定明确的信托条款，确保财富按照自己的心愿被传承。比如，委托人可以在家族信托中设立教育基金、婚嫁基金、创业基金或医疗保障基金等。这样不仅可以实现财富的有效传承，还可以确保特定用途资金的安全和专款专用。

最后，委托人还可以设置个性化的分配条款，避免未成年受益人的财产被其监护人侵占挪用，也避免成年受益人挥霍浪费等。

5. 家庭情况复杂的人群

如今,再婚已经是一种普遍的社会现象。对再婚家庭来说,财富传承更加复杂。尤其在涉及亲生子女与继子女的利益分配时,财富传承变得更加棘手。此外,如果有非婚生子女,财富传承则更有挑战性。家族信托作为一种灵活、安全的财富管理工具,可以很好地解决这些问题。

首先,家族信托的受益人范围非常广,委托人的配偶、亲生子女、继子女和非婚生子女等都可以成为受益人。委托人通过设立受益人和受益条件,可以有效解决再婚家庭等复杂家庭的财产分配问题,确保各方权益都能得到保障。其次,受益人在领取信托利益时无须进行继承公证,这样不仅有助于缓解继承人之间的矛盾纠纷,免去了继承人面对面处理问题的尴尬,还可以保护隐私,维护继承人之间的和谐关系。

6. 家有特殊受益人的人群

在现实生活中,一些家族中可能存在精神障碍、心智障碍,或失能失智等丧失正常生活能力的人。家族信托能够有效满足这类特定人群长期的生活、医疗和护理需求。

对于特殊受益人,信托利益可以被用于支付其日常生活费用、教育费用和特殊护理费用,确保他们的基本生活需求得到满足。即使委托人去世后,不能再亲自照顾他们,家族信托也可以继续为其提供稳定的生活保障。同时,委托人还可以设置条件受益人,让条件受益人来照顾特殊受益人的日常生活,协助其领取信托利益,并给条件受益人分配信托利益作为奖励。

此外，委托人还可以在信托条款中约定医疗费用的支付条件，比如住院、长期护理、住养老院和康复等，确保特殊受益人在需要时能够获得充分的医疗保障和护理支持。如果委托人依旧担心，还可以设置监察人来监管信托的运行。

在目前金融创新的背景下，信托公司的合作单位越来越广泛。有些信托公司可以将信托利益直接支付给特定的照护机构，以保证特殊受益人的生活和养老照护的需求一定可以满足，避免因特殊受益人的能力缺陷而导致无法取钱、无法转账等情况出现，以至于其陷入"有钱花不了"的窘境。

7. 希望隔代传承的人群

对有隔代传承需求的人群来说，家族信托是一种灵活、高效且安全的传承工具。家族信托不仅能实现财富的有效管理和保护，还能确保财富按照委托人的意愿传承给未来的几代人。

孙辈作为信托受益人，在领取信托利益时无须像遗赠一样在60天内表示接受，免去了孙辈继承时的风险。而且，未出生的人也可以作为信托受益人，因此不只是孙辈，曾孙辈甚至更远的后代都可以享受到委托人的财富。

此外，委托人还可以在信托条款中明确规定财富的分配方式和时间，确保财富按照自己的意愿传给孙辈，最大限度地避免孙辈监护人挪用、侵占资产。

同时，信托条款中还可以列出家族价值观、家族责任等内容。这样，通过家族信托，委托人可以将家族的价值观、家族责任和家族精神传递给后代，鼓励后代参与家族慈善事业、社会公益活动或家族企业的管理。也就是说，家族信托不仅可以传承物质财富，还可以传承家族的精神财富，培养后代的社会责任感和使命感。

8. 有跨境财富传承需求的人群

如今，我国越来越多的高净值家庭的子女拥有外国国籍或在海外长期生活和工作。对这些家庭来说，如何确保财富的安全、有效传承，以及如何应对跨境法律和税务问题，是一系列重要的财富管理挑战。

委托人可以将子女设置为信托受益人，在家族信托中设立专门的教育基金、生活费基金，用于支付子女的学费、生活费、医疗费等，确保子女在国外求学和生活的过程中得到充分的经济支持，不会因为家庭财务状况的变化而影响其学业。

此外，家族信托还可以起到降低税负的作用。在信托架构设计和信托利益分配上，委托人可以设立税务规划条款，根据不同国家和地区的税法规定，合理安排信托利益的分配时间和方式，最大限度地减少税务负担。

三、保险金信托：版本、设立和适用人群

（一）保险金信托的定义

保险金信托，是指委托人将人身保险合同的相关权利及对应的利益作为信托财产，与信托公司签订信托合同，当保险合同约定的给付条件发生时，保险公司直接将对应的资金交付给信托公司，由

信托公司依照信托合同约定的方式来管理、运营，并且将信托利益分配给信托受益人的信托。

保险金信托不是一款理财产品，而是将保险与信托相结合的一种跨领域的信托服务。所以，我们一般说设立保险金信托，而不是买保险金信托。

保险金信托在我国虽然起步比较晚，但我国保险金信托市场发展迅猛。2014年，中信信托和中信保诚联合落地了国内第一单保险金信托业务。这一年，只有10位客户成交落地保险金信托业务。根据2018年的《中国保险金信托发展报告》，2015年，保险金信托的客户数量达到了近百位；2016年，达到了500位；2017年，超过了1000位。中国信托登记有限责任公司发布的动态显示，2023年，自《信托三分类新规》实施后，保险金信托的客户就有10764位。2024年，规模破亿的保险金信托频繁涌现。

（二）保险金信托的版本

如今，保险金信托在我国发展得很快，已经衍生出了各种各样的版本，主要包括1.0版、2.0版和3.0版。不同版本的保险金信托的权利架构、功能、设立流程和法律后果都有所区别。接下来，我们详细介绍一下不同版本的保险金信托。

1. 保险金信托1.0版

在实践中，保险金信托1.0版是落地数量最多的保险金信托。简而言之，保险金信托1.0版是"前保险、后信托"的架构，即投保人在投保之后，以自己为委托人设立信托，并把保单的身故受益人改成信托公司；在被保险人身故之后，保险金将会进入信托账户，由信托公司按照信托合同进行管理和分配。

保险金信托 1.0 版的架构

投保人 ——签订保险合同，变更受益人为信托公司—→ 保险公司

保险金 → 信托公司

信托委托人 ——签订信托合同，指定信托公司为保单受益人（若投保人和被保险人不一致，还需要被保险人同意）

信托公司按信托合同进行分配 → 子女、配偶、父母、兄弟姐妹、其他后代、慈善机构

在保险金信托 1.0 版中，投保人也是委托人，具有保险金信托的控制权。投保人和被保险人可以是同一人，也可以是不同的人。但如果投保人和被保险人不一致，那么投保人在设立保险金信托时需要取得被保险人的书面同意。我们来看一下《保险法》的相关规定。

第三十九条　人身保险的受益人由被保险人或者投保人指定。

投保人指定受益人时须经被保险人同意。投保人为与其有劳动关系的劳动者投保人身保险，不得指定被保险人及其近亲属以外的

人为受益人。

被保险人为无民事行为能力人或者限制民事行为能力人的，可以由其监护人指定受益人。

第四十一条 被保险人或者投保人可以变更受益人并书面通知保险人。保险人收到变更受益人的书面通知后，应当在保险单或者其他保险凭证上批注或者附贴批单。

投保人变更受益人时须经被保险人同意。

根据上述法条规定，我们可以知道，被保险人具有决定变更受益人的权利。由于设立保险金信托 1.0 版时，投保人需要将身故受益人变更为信托公司，因此需要被保险人同意。此外，变更身故受益人需要书面通知保险公司，保险公司出具批单或修改合同后，可视为接受新的身故受益人。因此，设立保险金信托 1.0 版还需要保险公司配合。

有读者可能会问，保险金信托 1.0 版可以变更投保人吗？保单本身是可以变更投保人的，保险金信托 1.0 版的委托人就是投保人，所以变更投保人会影响保险金信托的架构。对此，不同的信托公司规定不一样。有些信托公司规定，如果变更投保人，信托合同就此终止。有些信托公司则可以接受变更投保人，只需与新的投保人重新签订一份信托合同即可。

保险金信托 1.0 版有以下四个优点。

（1）充分发挥保险的功能。在保险事故发生之前，保险金信托1.0版就是一张保单，具有保单的所有功能，可以确保被保险人在离世之后一定会留下财产。此外，保险金信托1.0版还有保险的杠杆功能，能够增加进入信托的财产的数量。同时，投保人对保险金信托有一定的控制权。比如，如果投保人想终止保单，可以随时退保，领取现金价值；如果投保人有资金流转的需求，可以用保单进行贷款。需要注意的是，保单贷款功能会使保险金信托中的信托财产处于不确定的状态，因此在实践中，有些信托公司会对此进行限制。

（2）扩展了受益人的范围和领取方式。在保险金信托1.0版中，保险受益人会变更为信托公司，所以身故保险金会变成信托财产，由信托公司根据信托合同分配给信托受益人。而信托受益人的范围比保险受益人的范围更加广泛，且信托利益的领取也更加灵活、便捷。

（3）具有风险隔离的作用。身故保险金进入信托账户之后，具有一定的独立性，进而能实现债务隔离，预防婚姻风险、传承风险等。但是，由于保险金信托1.0版是"前保险、后信托"的架构，所以只有在保险事故发生之后，信托才开始运转，信托的风险隔离作用也才能发挥。在保险事故发生之前，保险金信托1.0版就是一张保单，因此仅有保单的风险隔离作用。

（4）设立流程简便易行，且门槛低。目前，保险金信托1.0版的设立流程已经标准化了，客户在手机上就可以完成全部的操作流程。

关于保险金信托1.0版的设立门槛，不同机构的要求略有不同。实践中，最常见的起点是 300 万元，有的机构要求的起点是 200 万元或 100 万元。此外，不同险种的起点计算方式也不同。比如，终身寿险按照保额计算，年金险按照总保费计算。假设某机构的保险金信托 1.0 版的起点为 300 万元，如果客户选择终身寿险，那么只需保额达到 300 万元，就可以设立。如果客户选择年金险，那么只需总保费达到 300 万元，就可以设立。而且，客户可以分期交费，如果分 10 年交费，则每年只需交 30 万元保费即可。

总之，保险金信托 1.0 版是一个普惠版的家族信托，不仅适用于高净值人士，还适用于中产家庭。

但是，保险金信托 1.0 版也有一些缺点。具体如下。

（1）债务隔离的作用相对较弱。保险金信托 1.0 版的债务隔离作用要弱于家族信托。因为在保险事故发生之前，保险金信托 1.0 版就是一张保单。在此期间，如果投保人欠了债，保单的现金价值可能会被执行，这样就没有后续的信托了。

（2）保单的稳定性问题。当投保人和被保险人不一致时，如果投保人先去世，那么保单的现金价值就会变成投保人的遗产。如果投保人的继承人之间无法达成一致意见，有可能会选择退保，进而影响保单的稳定性，甚至还会引发纠纷。这样后续的信托架构就会受到影响。虽然投保人可以立遗嘱分配好保单的现金价值，进而降低这样的风险，但我们都清楚，遗嘱继承的流程很烦琐，也有很大的不确定性。因此，在设立保险金信托 1.0 版时，投保人和被保险人最好是同一人，这样就不会存在投保人先身故的问题。

此外，如果投保人主动退保，保险金信托 1.0 版也会因为无法获得保险金而终止。

2. 保险金信托 2.0 版

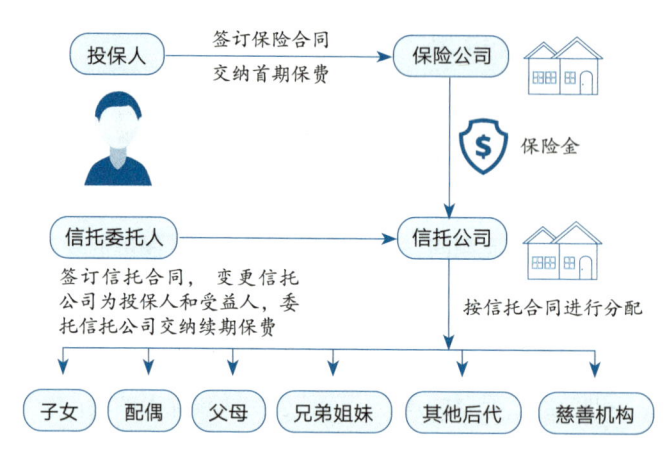

保险金信托 2.0 版在保险金信托 1.0 版的基础上进行了升级。具体来说，在保单配置完毕之后，投保人先交纳首期保费，然后设立信托，并将剩余的保费一次性转入信托，同时将保单的投保人和受益人变更为信托公司，然后委托信托公司交纳续期保费。

保险金信托 2.0 版的架构

投保人 —签订保险合同 交纳首期保费→ 保险公司

保险公司 —保险金→ 信托公司

信托委托人（签订信托合同，变更信托公司为投保人和受益人，委托信托公司交纳续期保费）→ 信托公司

信托公司 —按信托合同进行分配→ 子女 / 配偶 / 父母 / 兄弟姐妹 / 其他后代 / 慈善机构

与保险金信托 1.0 版不同的是，保险金信托 2.0 版不仅把保单的身故受益人变更为信托公司，还把投保人变更为信托公司。那么，信托公司是否可以作为投保人呢？我们来看一下《保险法》的相关规定。

第十二条 人身保险的投保人在保险合同订立时，对被保险人

应当具有保险利益。

财产保险的被保险人在保险事故发生时，对保险标的应当具有保险利益。

人身保险是以人的寿命和身体为保险标的的保险。

财产保险是以财产及其有关利益为保险标的的保险。

被保险人是指其财产或者人身受保险合同保障，享有保险金请求权的人。投保人可以为被保险人。

保险利益是指投保人或者被保险人对保险标的具有的法律上承认的利益。

第三十一条　投保人对下列人员具有保险利益：

（一）本人；

（二）配偶、子女、父母；

（三）前项以外与投保人有抚养、赡养或者扶养关系的家庭其他成员、近亲属；

（四）与投保人有劳动关系的劳动者。

除前款规定外，被保险人同意投保人为其订立合同的，视为投保人对被保险人具有保险利益。

订立合同时，投保人对被保险人不具有保险利益的，合同无效。

根据上述法条的规定，我们可以知道，在投保时，投保人应当对被保险人有保险利益，而被保险人同意投保人为其订立合同，则视为投保人对被保险人具有保险利益。后续变更投保人不影响保单的效力。因此，原则上，只要被保险人同意，信托公司就可以作为投保人。

保险金信托2.0版的优势如下。

（1）具备保险金信托1.0版的全部优势。

（2）具有较强的债务隔离的作用。在保险金信托2.0版中，保单的投保人变成了信托公司，保单的现金价值及万能账户价值就变成了信托财产，所以可以有效避免保单存续期内原投保人的债务风险。

（3）具有较好的稳定性。在保险金信托2.0版中，保单的投保人变成了信托公司，这可以有效解决投保人先于被保险人身故，以及投保人退保等问题，以保证保险金信托更稳定地运行。

保险金信托2.0版也有一些不足，具体如下。

（1）原来的投保人不能继续享有保单的权益。将保单的投保人变更为信托公司之后，原投保人就会丧失其作为投保人的权利。比如，原投保人无法再通过保单贷款来融资，也不能退保去领取保单的现金价值。

（2）设立流程复杂。因为保险金信托2.0版需要变更投保人为信托公司，且要委托信托公司交纳续期保费，因此与保险金信托1.0版相比，保险金信托2.0版的设立流程更加复杂，周期更长。

（3）现金流压力大，起点高。因为保险金信托2.0版需要委托人把续期保费一起装入信托，所以委托人要在设立信托时交纳全部保费，这很考验委托人的现金支付能力。此外，实践中，保险金信托 2.0 版实际上就是一个家族信托，因此要达到家族信托设立的门槛，需要 1000 万元信托资产才能设立。

不过，这 1000 万元信托资产不一定都是现金。一般来说，保单和现金加起来达到 1000 万元即可。由于保单有杠杆功能，投保人交少量的保费就可以得到更多的保额，所以委托人实际上投入的钱会少于 1000 万元。具体的投入金额，需要根据委托人的意向设立机构和意向保险产品进行测算，但一般会大于保险金信托 1.0 版的起点金额。

3. 保险金信托 3.0 版

保险金信托 1.0 版和保险金信托 2.0 版都是先投保，后设立信托。保险金信托 3.0 版则是先设立信托，然后再投保。具体来说，委托人先与信托公司签订信托合同，设立信托，然后委托信托公司投保，并让信托公司做身故受益人。

保险金信托 3.0 版的架构

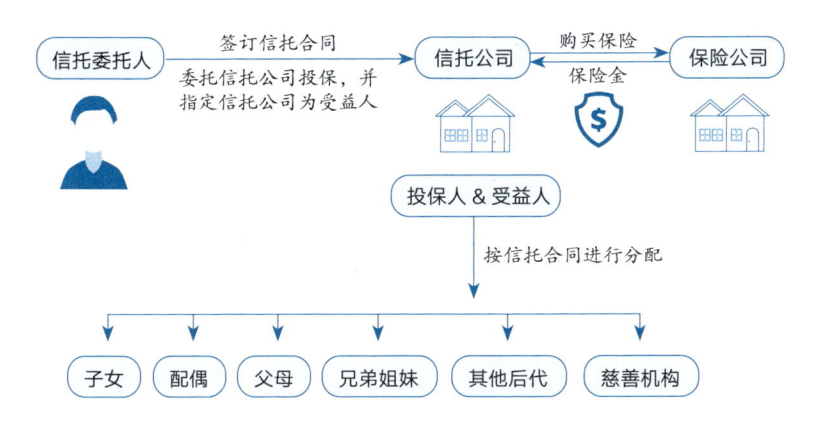

保险金信托 3.0 版具备保险金信托 2.0 版的全部优势，但也存在以下不足。

（1）与保险金信托 2.0 版一样，在保险金信托 3.0 版中，委托人无法享受投保人拥有的保单权益。

（2）监管非常严格，流程更加复杂。保险金信托 3.0 版是先设立信托，然后再投保，这会面临更加严格的监管、可保利益审查以及反洗钱审查。此外，在我国的很多地区，投保要进行双录，未来双录很可能会普及全国。而信托公司作为投保人，要想通过保险公司正常的流程会更加困难，需要双方与监管部门不断地沟通、协商，而且各地的监管尺度也不一样。

因此，在实践中，保险金信托 3.0 版能落地的更少。如果我们想用保险金信托来守护财富，其实保险金信托 1.0 版和保险金信托 2.0 版就足够了。

4. 其他版本

在实务中，保险金信托业务在不断丰富、创新。除上述三个版本外，市场上还有一些其他版本的保险金信托，比如保险金信托 1.5 版、家庭保单模式、保险金信托 + 遗嘱模式、保险金信托 + 养老模式、保险金信托 + 慈善模式等。

（1）保险金信托 1.5 版。保险金信托 1.5 版是保险金信托 + 资产管理产品模式。除保险外，该版本信托还可以追加现金来配置资产管理产品，比如现金管理类产品、股权类产品、债权类产品等理财产品。

这样做有三个好处：第一，扩大信托财产的规模，在分配信托利益时有更大的空间，更有利于信托目的的实现。第二，提高信托财产的收益率。通过有策略地配置资产管理产品，可以提升信托收益，进而提升受益人的受益金额。第三，提升追加现金的安全性。相较于委托人以个人名义做投资，在信托中做投资在资产隔离方面更加安全。

（2）家庭保单模式。在家庭保单模式中，信托可以装入不同保险公司的保单。这样，委托人只需设立一个保险金信托，管理起来更加方便。但是，这需要不同的保险公司和信托公司之间进行协调、沟通和合作，以及进行系统维护，因此运营成本较高。

（3）保险金信托+遗嘱模式。保险金信托设立之后，委托人可以通过遗嘱的方式来追加财产，指定身后的财产进入保险金信托，按照信托合同进行分配。这样，不仅可以增加保险金信托中的财产，还可以实现委托人的传承意愿。

（4）保险金信托+养老模式。保险金信托可以与一个确定的养老机构对接。未来，受益人在养老机构养老时，其信托利益可以直接分配给养老机构，实现无缝对接，避免在受益人晚年失能、失智时财产被侵占、挪用。

（5）保险金信托+慈善模式。保险金信托可以对接慈善机构，将信托利益分配给慈善机构或者慈善信托，以满足委托人自我实现、回馈社会的需求。

以上是市场上的一些创新型的保险金信托业务。未来，保险金信托还会有更多创新的模式。

（三）保险金信托与其他工具的对比

世界上没有任何一个工具能满足人们所有的需求，解决所有的问题。相比于家族信托，虽然保险金信托的门槛要低很多，但功能也有所简化。有些业内人士称之为小家族信托或者简易版家族信托。

实践中，如果保险金信托中装入的资产额度较低，那么委托人所能享受的服务就会少一些。比如，受益人的数量和领取方式有一定的限制，没有更多的个性化选择。毕竟，受益人的范围越广和领取方式越复杂，信托公司的管理服务成本就越高。

尽管如此，与保险、代持、家族信托、遗嘱等工具相比，保险金信托仍有自身的优势。接下来，我们就将保险金信托与其他工具进行对比分析。

1. 保险金信托与保险

与保险相比，保险金信托具有以下几个优势。

（1）受益人的范围更广。保险的受益人只能是自然人，不能是组织，且一般是投保人及其配偶、父母、子女，或者兄弟姐妹、孙辈等有亲属关系的人。因为身故保险金的给付有一定的道德风险，所以受益人的范围会受到限制。实践中，保险的受益人数量一般不会设置很多个，大多数情况下是一个或两个人，很少会设置三个或三个人以上。保险金信托则和家族信托一样，其受益人的范围更广。相关内容已在前文讲述，此不赘述。

（2）更加灵活。保险金是一次性给付的，很考验受益人的财富管理能力。如果受益人是未成年人，保险金会交由其监护人来监管。监护人一般是父母，如果父母不在，可能是其他亲属。对于一些单亲家庭的子女，如果父母再婚，保险金很可能就会被用在新的家庭上。如果监护人是爷爷、奶奶或外公、外婆，由于他们的财富管理能力比较弱，再加上现在针对老年人的骗局又多，所以一次性给付保险金会导致出现一系列的困境和麻烦。而保险金信托可以分批次给付信托利益。比如，委托人可以约定受益人成年之后开始领取，从而避免监护人侵占、挪用财产的风险。此外，保险金信托也可以约定受益人按条件领取信托利益，比如基本生活金、学业支持金、创业支持金、家庭和谐金等。

（3）更加安全。保险没有转移财产所有权，相关权利依旧在投保人、被保人、受益人的名下，因此无法隔离相关人员的债务风险。某些保单架构也无法隔离婚姻风险。但保险金进入信托之后，会成为独立的信托财产，因此，保险金信托隔离债务风险和婚姻风险的效果更好。

（4）实现保险金的再管理。保险金一次性赔付给受益人，不仅十分考验受益人的财富管理能力，也无法实现财富的保值和增值。但保险金进入信托之后，信托公司会对保险金进行持续的管理和运营。对投资渠道没有那么多、投资能力没有那么强的个人来讲，这是一种很好的财富管理方式，可以实现财富的保值和增值。

2. 保险金信托与代持

在现实生活中，一些人会通过代持的方式来防范自身的债务风险。所谓代持，就是把自己的财产登记在别人的名下。然而，代持是有风险的，具体如下。

（1）道德风险。如果被代持人没有保留好代持协议、出资证明、彼此协商的证据，代持人很可能会"反水"。在现实中，就连亲兄弟之间的代持都有"反水"的风险，何况是其他人。如果代持人"反水"，且被代持人没有充足的证据，那么被代持人就会遭受很大的财富损失。

（2）婚姻风险。如果代持人离婚，没有做好财产隔离，并且没有很好地保留证据，那么代持人的配偶很可能会把被代持人的财产分走。

（3）债务风险。如果代持人欠债，被代持人的财产可能会被强制执行。

（4）人身风险。如果代持人突发意外离世，又没有证据证明其财产是代持他人的，那么他的继承人就可能会分割被代持人的财产。

（5）还原风险。被代持人将财产登记在别人的名下只是暂时的安排，早晚需要拿回来。而在把财产还原到自己名下的过程中，被代持人也会遇到一些问题。比如，对于房子，其中涉及交易税费的成本。更麻烦的是，一些城市有限购政策，如果被代持人没有购买资格，那么他就拿不回自己的房子。再比如，对于股权，如果是有限责任公司，实际出资人要想收回代持人名下的股权，需要超过一半的股东同意，否则无法拿回股权。

保险金信托没有道德风险，因为保险公司和信托公司都是合法持牌的金融机构；保险公司和信托公司不是自然人，不存在婚姻风险和人身风险。即使信托公司欠债，信托财产也不会被强制执行；保险金信托直接把钱分配给受益人，也不存在还原风险。因此，我们可以将保险金信托视为一个更高级的代持机制：由信托公司"代持"财富，且全程在监管之中。

3. 保险金信托与家族信托

与家族信托相比，保险金信托具有以下五个优势。

（1）具备杠杆功能，可以增加财富。保险金信托，尤其是用终身寿险设立的保险金信托，一般可以发挥两倍及以上的杠杆功能（与投保人的年纪和产品有关），可以增加信托中的财富，使资金的利用效率更高。而纯资金的家族信托则不具备保险的杠杆功能。

（2）门槛低，受众广。家族信托的设立门槛比较高，通常至少需要 1000 万元，适合高净值人士。而保险金信托的设立门槛较低，通常只要 300 万元，有些机构甚至 100 万元就可以设立，因此更适合普通人群和中产家庭。

（3）资金的流动性较强。就保险金信托 1.0 版而言，委托人在前期可以继续享受保单贷款、减保取现等权利，来解决资金流动性问题，对财富依旧有很强的掌控力。但资金进入家族信托后，委托人不能随时支取，因为信托财产的所有权已经发生了转移，只能按照信托合同进行分配。虽然信托会按照委托人的意愿运行，但委托人对财富的掌控力下降了。这相当于委托人对财产放弃了一定的自由支配度，以换取财产的安全。

（4）操作便捷，设立简单。相较于设立家族信托，设立保险金信托的流程更简单，而且很多公司的保险金信托的设立流程在线上就可以完成。而家族信托的尽职调查更复杂、时间周期更长，不适合想要快速设立信托的人。此外，保险金作为信托财产，权属清晰，不容易产生纠纷。

（5）保障功能。设立保险金信托之后，委托人也可以充分享受保险的保障功能。比如，终身寿险可以作为被保险人经济生命的延续，照顾自己想照顾的人；年金险可以为被保险人提供养老金或教育金、生活费；增额寿险可以作为委托人家庭的兜底资产，对抗长周期的经济风险。在家庭资产配置中，保险产品具有其他投资理财产品无法替代的功能。因此，我们即使选择设立家族信托，也可以在其中配置一部分保险产品，以提高家庭财富管理的确定性，并增加财富。

4. 保险金信托与遗嘱

与遗嘱相比，保险金信托具有以下八个优势。

（1）流程更简单。遗嘱不能简化继承的流程，也不能由继承人自己执行，需要办理继承公证，即需要他人的配合和同意才能执行。而保险金信托的受益人在领取信托利益时不需要别人的配合和同意，满足条件即可直接领取，无须办理继承公证。整个流程简单、方便、透明。

（2）预防家庭纠纷。遗嘱会因合法性、分配的公平性以及执行等问题，引起家庭纠纷。而保险金信托是按信托合同直接向受益人分配信托利益，可以起到预防家庭纠纷的作用。

（3）私密性。在办理继承手续时，遗嘱会被公开，私密性较差。而保险金信托按照信托合同进行分配，无须对外公开，私密性非常好。

（4）保障功能。遗嘱不具有保险的保障功能，而保险金信托具有保险的保障功能。

（5）债务隔离功能。遗嘱没有债务隔离功能，因为继承人需要用遗产清偿被继承人生前的债务。而保险金信托可以通过架构设计，很好地实现债务隔离。相关内容在前文中已讲过，不再赘述。

（6）财富保值、增值功能。遗嘱无法现实财富的保值、增值。就保险金信托来说，当保险金进入信托后，经过信托公司的专业管理，可以实现财富保值、增值。

（7）传承范围更广。遗嘱只能将财富传承给法定继承人。而保险金信托可以做更长远的安排，将财富传承给整个家族的人，甚至是未出生的人。

（8）杠杆功能。遗嘱不具备保险的杠杆功能。而保险金信托具备保险的杠杆功能，可以增加财富。

不同工具的功能对比

	功能	法定继承	遗嘱	保险	家族信托	保险金信托
1	是否能体现原财产所有人的意愿	否	是	是	是	是
2	是否能预防遗产纠纷	否	否	是	是	是
3	是否有私密性	否	否	是	是	是
4	是否有保障功能	否	否	是	否	是
5	是否有债务隔离功能	否	否	需要设计	是	需要设计
6	是否有保值增值功能	否	否	是	是	是
7	是否能体现个性化	否	是	是	是	是
8	受益人的范围	少	多	少	多	多
9	能否多代传承	否	否	否	是	是
10	是否有杠杆功能	否	否	是	否	是
11	参与门槛	无	无	低	高	较低

（四）保险金信托的方案设计

保险金信托的方案设计分为两部分：第一部分是保险产品设计，第二部分是信托方案设计。虽然不同版本的保险金信托的方案设计会有所不同，但它们的核心都是保险产品设计和信托方案设计。

1. 保险产品设计

保险产品设计分为架构搭建和产品选择两个部分。

（1）架构搭建。保单架构搭建包含三个方面：第一，设置投保人、被保险人、受益人；第二，资金来源，尤其是大额保单，需要筹划；第三，法律协议，有些保单需要搭配其他法律协议，以完善其功能和属性。由于投保人的需求不同，所以保单架构设计也会有所不同。具体参见本书第十五讲，此处不再赘述。

（2）产品选择。能设立保险金信托的常见保险产品有定额终身寿险、增额终身寿险和年金险。投保人可以根据自己的需求选择合适的保险产品。

如果投保人的需求是财富传承，自己不考虑用钱，就可以选择定额终身寿险。这样只需交比较少的保费，就可以获得较多的保额。这笔钱最后会进入保险金信托，实现财富的再分配。如果投保人既考虑自己用钱，又想传承财富，就可以选择增额终身寿险或年金险。这样自己和受益人都能拥有财富。如果投保人需要确定的现金流，有固定领取的需求，可以选择年金险。年金险对体检结果的要求不高，比较容易设立保险金信托。如果投保人没有固定领取的需求，就可以选择增额终身寿险。但高额的增额终身寿险对体检结果有一定的要求。

2. 信托方案设计

信托方案设计分为以下五个部分：选择委托人、选择受托人、指定受益人、信托投资方案、信托分配方案。

（1）选择委托人。在保险金信托中，委托人通常是保单的投保人。所以在设计保险金信托的方案时，需要考虑谁既适合做投保人，又适合做委托人。

（2）选择受托人。选择受托人即选择信托公司。一般来讲，经营得比较合规、稳健，且排名比较靠前的信托公司都是值得信赖的选择。

（3）指定受益人。保险金信托的受益人有以下几类。

第一，委托人及其亲属，包括父母、配偶、子女、爷爷、奶奶，甚至姑姑、叔叔等，但委托人需要提供关系证明。关系证明可以是直接证明，也可以是间接证明，比如居民户口簿、档案登记等。具体的证明要按照信托公司的业务流程办理。非婚生子女也可以作为信托受益人，但委托人需要提供相关材料证明亲子关系。此外，信托受益人还可以设置为未出生的人，比如委托人未出生的孙子、孙女等。

第二，其他个人。其他个人一般指的是和委托人没有血缘关系的人。因为其中会涉及反洗钱调查，所以审核要求可能非常严格。有的信托公司会做，有的信托公司则不做，具体要看信托公司的风控情况。

第三，慈善组织或其他机构，比如慈善信托、民政部门、孤儿院等。这需要特殊申请,审核过程比较麻烦。

(4)信托投资方案。信托投资方案是信托公司打理、运营信托财产的方案,一般分为保守型、稳健型、平衡型,分别对应R1、R2和R3风险等级的理财产品。保守型方案一般会投资现金管理类产品。现金管理类产品短期灵活,风险非常低,几乎不会亏损。稳健型方案一般会投资现金管理类产品和固定收益类产品。平衡型方案一般会投资现金管理类产品和固定收益类产品,再加上一些权益类产品。保险金信托的委托人大都比较保守稳健,所以多数会选择R1、R2风险等级的理财产品。

(5)信托分配方案。信托分配方案是指把信托利益分配给受益人的方式。信托分配方案非常灵活。比如,可以按时间分配——按季度、年或受益人的年龄分配;可以按条件分配——达到条件分配,达不到不分配;可以按公式分配——每年分配一定的生活费,考虑到通货膨胀,每年可以增加2%~3%;等等。

在信托合同中,常见的分配条款主要包括:基本生活金、消费引导金、学业支持金、创业支持金、家庭和谐金、医疗金、紧急备用金,以及惩罚条款等。接下来,我们来分别介绍一下。

第一,基本生活金。委托人可以按照固定金额,每季度、每半年、每年分配给受益人能够保障其基本生活的费用。在受益人18岁之前,可以少分配一点,防止其挥霍,或被其他人觊觎、挪用。当然,委托人也可以把受益人的年龄设置得再大一些,比如35岁之前少分配,35岁之后多分配,让受益人心智成熟后再掌握更多的财产。在受益人60岁之后,可以多分配一些退休金。

第二，消费引导金。消费引导金就是在大额消费上给予受益人一定的支持。目前在实务中，比较常见的是买房和买车。比如，在受益人买房或买车时，一次性分配一定额度的钱。

第三，学业支持金。委托人可以在信托中设置激励计划，鼓励后代努力学习。比如，受益人在小学、初中、高中、本科、硕士、博士入学时，可以申领一定金额的钱。委托人还可以设置条件。比如，如果受益人考上了985、211、QS世界大学排名前100的高校，还可以再申领一定额度的钱。

第四，创业支持金。比如，如果受益人年满25岁且有意愿创业，可以一次性领取50万元作为第一次创业的支持金。如果受益人年满35岁且已经有过一次创业经历，就可以再领取100万元作为第二次创业基金。但有些信托公司规定创业支持金只能领取一次。此外，如果受益人在某个行业全职工作累计满五年，可以申领一定额度的钱作为职业发展基金。如果父母期望后代从事某个行业，也可以给予他一定的鼓励和支持。

第五，家庭和谐金。家庭和谐金就是委托人对后代的婚姻和生育给予一定的支持。比如，如果受益人领取结婚证，可以一次性领取100万元作为结婚礼金。委托人还可以约定，只有受益人第一次结婚时才可以领取，引导受益人谨慎对待婚姻。如果婚姻持续10年、20年、30年，那么受益人可以领取100万元的婚姻祝福金，以表达委托人对受益人婚姻稳定的期望。如果受益人生孩子，第一胎可以领取20万元，第二胎可以领取50万元，这样可以鼓励受益人多生育。如果受益人不幸离婚，可以领取50万元的生活扶助金。

而且，委托人可以约定这些财产是受益人的个人财产，从而避免因受益人发生婚变而被分割。

第六，医疗金。这也是一个常见的条款。比如，委托人可以设置在信托存续期间，受益人有权申领医疗金，且申领次数不限。不过，需要根据医疗费用发票进行分配，以核实其真实性。

第七，紧急备用金。当受益人发生一些紧急事件时，在信托财产足够支付的前提下，可以书面申请紧急备用金。但委托人可以约定，受益人只能申请有限的次数，且合计金额不超过某个额度。

第八，惩罚条款。委托人可以通过惩罚条款引导后代积极向上，降低他们犯错误的概率。比如，如果受益人有赌博、吸毒等恶习，或者触犯刑法，就减少分配或不分配信托利益。

信托条款越复杂，信托公司管理起来就越麻烦，信托的运营成本也就越高。对于一些比较复杂的条款，或委托人的个性化要求，标准的信托合同中是没有模板的。委托人要想得到更多的服务，就要投入更多的资金。相关具体情况，可以咨询设立信托的机构。

（五）保险金信托的设立流程

在实践中，不同公司的保险金信托的设立流程会有一定的差别，但大致分为以下八个步骤。

1. 提出设立意向

首先，客户要选择能够提供保险金信托方案的保险公司，了解保险公司的产品，以及保险公司可以对接的信托公司的情况，比如信托公司的实力、对接条件、设立费、管理费、信托对保额或保费的要求等。然后，客户提出设立保险金信托的意向，即自己对保险金信托的规划。

2. 配置保单

财富顾问为客户配置保单。不是所有的保险产品都可以对接信托，比如重疾险、医疗险、意外险就不可以。目前，市场上最常见的对接信托的保险产品是终身寿险、增额寿险和年金险。部分信托公司只接受寿险。此外，定期寿险也不能装入信托。具体的产品选择，大家可参考前文内容。

3. 设计信托方案

信托方案由客户、财富顾问和信托公司共同设计。一般来说，最重要的是选择信托投资方向、信托受益人和信托分配方案。客户可以根据自己的风险承受能力选择适合自己的投资方向，结合自己的传承意愿选择受益人和分配方案。具体的内容可以参考前文中的分析，此不赘述。

4. 提交信托意向书

向信托公司提交信托意向书，意味着客户打算与信托公司签订信托合同。

5. 变更受益人

客户要把保单的身故受益人变更为信托公司。这一步需要保险公司配合来完成。

6. 提交相关材料

客户要向信托公司提供设立信托所需的相关材料，信托公司会做尽职调查。客户要证明财产来源的合法性。因为无论是进入保单的财产，还是进入信托的财产，都不能违反《中华人民共和国反洗钱法》。如果额度比较大，客户还要提交资产状况证明。

目前，设立保险金信托还不需要提供完税证明。但随着税收营商环境进一步优化，未来可能需要客户提供完税证明。这会提升设立保险金信托的门槛。因此，客户最好尽早设立保险金信托。

7. 交纳设立费

保险金信托的设立费基本在万元左右。实践中，很多公司会开展优惠活动。客户在活动期间设立保险金信托，设立费是可以打折的。对于有些公司，购买一定额度的保单甚至可以免除保险金信托的设立费。

8. 签订信托合同

信托公司按照客户的意愿起草信托合同和附件，并向客户确认。与信托公司签订合同的是委托人，即保单的投保人。如果投保人和被保险人不一致，还要取得被保险人的书面同意。一般情况下，该过程需要录音录像，作为整个设立过程合法性的重要依据。信托公司审核、盖章之后，就完成了整个设立流程。

目前，设立保险金信托的流程是标准化的，很多公司全程可以在线上操作。一些比较复杂的条款，比如个性化需求等，则需要在线下操作。整个流程一般一两周就可以完成。

(六) 适合设立保险金信托的人群

1. 中产人群

中产人群更加注重简化传承手续,传统的继承方式费时费力,他们希望能够找到一种更简便的方式来处理财富传承问题。此外,他们也希望传承给后代的财富能够安全地实现保值、增值。

保险金信托是将保险和信托结合在一起的金融工具。一方面,保险金信托可以通过信托条款明确受益人和受益条件。受益人只要提供必要的文件就可以领取信托利益,避免繁杂的继承手续。另一方面,保险金信托可以像保险一样锁定收益,并以合同的方式确定下来,实现"钱等人"而不是"人等钱",因此适合作为中产家庭的底层资产。因此,保险金信托能实现中产人群安稳理财和财富传承的需求。

2. 家庭经济支柱

家庭经济支柱作为家庭收入的主要创造者,如果发生意外,不仅个人会受到损伤,而且整个家庭未来的生活也会陷入不确定性之中,甚至生活水平可能会大幅降低。除了创造收入,家庭经济支柱通常还负责家庭财富的管理。如果他们突然离世,其子女和配偶可能没有足够的财富管理能力去打理财产。

保险金信托兼具保险和信托的优势,是非常适合这类人群的财富管理工具。原因有三个:第一,以终身寿险设立的保险金信托,具有终身寿险的杠杆功能,可以给家庭经济支柱提供有力的保障。如果他们不幸离世,身故保险金能够保证其家人的生活水平不下降。第二，保险金信托可以让受益人分次、持续领钱，以此降低受益人管理财富的难度。第三，保险金信托可以设计不同场景下的领取规则，让受益人在一生中的重大时刻都能拿到钱，真正做到财富为人服务。

3. 全职太太

全职太太通常依赖丈夫，自己不创造收入，因此很多全职太太内心缺乏安全感。如果全职太太的丈夫是企业主，她们通常也会比较担心企业经营出现问题，进而影响到家庭财富。另外，她们很注重子女教育和生活品质，希望子女能够接受良好的教育，家庭能够维持高质量的生活，自己能够体面养老。而且，一些全职太太还希望照顾好自己的父母，因为女婿对岳父母是没有法定赡养义务的。也就是说，如果全职太太发生意外，她们的父母可能无人赡养。因此，她们需要进行相应的规划，采取一些保障措施。

保险金信托可以满足全职太太的需求。具体来说，如果全职太太既有自己的养老需求，又想未来能够照顾家人，那么可以选择年金险＋保险金信托的模式。具体来说，全职太太领取年金险的生存金作为养老补充，剩下的钱进入信托，成为独立的财产。全职太太可以将自己、子女、父母、丈夫等设置为信托受益人，以照顾自己想照顾的人。当然，全职太太还可以在信托条款中详细约定教育金和生活费的分配方式，确保资金用于提高家庭成员的生活质量和教育水平。

如果全职太太不想自己领取，只想在未来给家人提供一份保障，那么可以选择终身寿险＋保险金信托的模式。终身寿险可以增加进入信托的财富，确保给家人更好的生活。如果全职太太的丈夫是企业主，想要做好家庭资产与企业资产的隔离，可以选择保险金信托 2.0 版，将一部分安全资产放到信托中。即使企业后来发生经营风险，企业主的家人也能有稳定的生活保障。

4. 企业主

企业主通常希望将家庭资产与企业资产进行隔离，建立一道防火墙来防范企业经营风险。而且，企业主一般是家庭经济支柱，因此还有保护家人、延续自己经济生命的需求。对企业主来说，保险金信托是一种非常好的财富管理工具。

首先，保险金信托可以相对有效地隔离家庭资产和企业资产，避免企业经营风险影响到家庭资产的安全；其次，保险金信托中的保险可以对企业主的人身和财产进行保护；再次，保险金信托是一种安稳的投资，可以锁定当前的收益；最后，企业主可以将自己想照顾的人设置为信托受益人，比如子女、配偶、父母，并设立分配条件，这样也能防止因他们的财富管理能力不足而导致财富流失。

需要注意的是，如果企业主采用保险金信托 1.0 版来隔离风险，由于保险金信托 1.0 版是"前保险、后信托"的架构，那么只有在信托开始运转时才能实现信托的隔离效果。因此，如果企业主有足够的资产，可以直接设立保险金信托 2.0 版。

5. 担心子女婚姻的人群

很多父母想在子女结婚时给予经济支持，但又担心子女的婚姻出现问题，导致家庭财富流失。此外，他们还希望能够保留一定的财富控制权，以监督或规范子女的行为。

保险金信托是一种较好的婚姻财富支持方式。首先，父母可以选择为自己投保，并设立保险金信托，子女作为信托受益人来领取收益。这样既可以实现对子女的财富支持，也可以防范子女的配偶在离婚时分割财产。其次，信托条款还可以规定资金的使用方式和条件。比如，父母可以修改信托条款，保留对资金的控制权，监督和规范子女的行为，确保资金得到正当合理的运用。

此外，像家族信托一样，保险金信托也非常适合隔代传承、想照顾特殊受益人、家庭情况复杂等人群。由于相关逻辑与家族信托相同，这里不再赘述。大家可参看前面的内容。

总之，保险金信托有非常多的应用场景，适合多种人群，是一种非常好的财富传承方式。

后 记

感谢您读到最后!

本书上篇从财富传承案例出发,总结了生活中无传承规划可能面临的种种风险,从案例及其专业分析到专家建议,再到启示金句,为您展现了一个虽残酷但真实的传承世界;下篇详细讲解了6种财富传承工具,从基础知识到工具应用及其注意事项,再到适配客户,手把手教您使用财富传承工具。

我希望我的耐心写作能够力透纸背,让您意识上有启迪、知识上有收获、心态上更安定。如果本书有幸能够助力您的财富传承,让您从中学习到专业知识,我感到不胜荣幸;如果您发现本书存在不足或纰漏,也欢迎您告知我,我们共同进步。

十年耕耘,两年执笔,一朝付梓。回首我十几年的私人财富管理专业之路,漫漫亦灿灿。能在中国最大的一次财富传承浪潮中躬身入局,略有小绩,并将所思、所想付梓,是我之大幸。

感恩每一个咨询,每一个案子,每一个客户,每一个机构,每一次授课,每一次沙龙,每一次直播,每一个粉丝,每一个点赞,每一个留言……千言万语,字字珠玑,句句斟酌,著成此书。

感谢业务伙伴李沛律师，感谢本书的策划者吕征老师以及他的团队，感谢十余年来每一个喜爱并支持我的人，感谢我亲爱的家人，尤其是我的孩子。

最后，愿天下财富皆能如愿传承。